Die Umsetzung des § 14a EnWG zwischen Markt und Regulierung im neuen Strommarktdesign

Veröffentlichungen des Instituts für Energie- und Regulierungsrecht Berlin

Herausgegeben von Franz Jürgen Säcker und Jochen Mohr

Band 68

PETER LANG

Tatjana Schleicher

Die Umsetzung des § 14a EnWG zwischen Markt und Regulierung im neuen Strommarktdesign

PETER LANG

Bibliografische Information der Deutschen Nationalbibliothek
Die Deutsche Nationalbibliothek verzeichnet diese Publikation in der Deutschen Nationalbibliografie; detaillierte bibliografische Daten sind im Internet über http://dnb.d-nb.de abrufbar.

Zugl.: Berlin, Freie Univ., Diss., 2019

D 188
ISSN 2363-684X
ISBN 978-3-631-80199-4 (Print)
E-ISBN 978-3-631-80734-7 (E-PDF)
E-ISBN 978-3-631-80736-1 (EPUB)
E-ISBN 978-3-631-80737-8 (MOBI)
DOI 10.3726/b16358

Peter Lang – Berlin · Bern · Bruxelles · New York · Oxford · Warszawa · Wien

Diese Publikation wurde begutachtet.

www.peterlang.com

Vorwort

Die vorliegende Abhandlung beschäftigt sich mit den aktuellen Entwicklungen auf dem Strommarkt. Dafür wird zunächst aufgezeigt, welche Veränderungen erforderlich sind, um die überwiegend auf den erneuerbaren Energien basierende Stromversorgung zu realisieren und sogleich anhand des § 14a EnWG ein dafür geeignetes Instrument vorgestellt.

§ 14a EnWG räumt den Verteilnetzbetreibern auf der Niederspannungsebene die Befugnis ein, unter bestimmten Bedingungen auf die sog. steuerbaren Verbrauchseinrichtungen der Kunden je nach Bedürfnissen des Netzes zuzugreifen. Die Auseinandersetzung mit dieser Regelung ist vor allem deshalb so interessant, weil gerade die Verteilnetzbetreiber mit einer Vielzahl von Anlagen zur Erzeugung erneuerbarer Energien, z.B. PV-Anlagen, aber auch neuer Anwendungen, z.B. Power-to-X-Anlagen, Speicher etc., und neuer Verbraucher, insbesondere der Nutzer der Elektromobilität, konfrontiert werden. Die Herausforderungen liegen auf der Hand: die wetterabhängige, deshalb schwankende Stromerzeugung auf der Seite der Stromeinspeisung und die wachsenden Verbräuche sowie Bedürfnisse der Stromkunden nach Versorgungssicherheit auf der Seite der Stromausspeisung.

Während die Verbraucher auf den höheren Spannungsebenen mit großen Strommengen und hohen Leistungen tatsächlich zur Flexibilisierung ihres Verbrauchsverhaltens durch monetäre Anreize bewegt werden können, zeigt sich bei den Anschlussnutzern auf der Niederspannungsebene schnell, dass aufgrund der geringen Mengen und Leistungen eines Einzelnen die finanziellen Anreize in Form von z.B. geringeren Netznutzungsentgelten allein nicht zum gewünschten Ergebnis führen können. Soll die stromabnehmende Seite in der Niederspannung vor dem Hintergrund der volatilen Stromerzeugung flexibilisiert werden, so muss eine neue Marktrolle geschaffen werden, die die Mengen bündeln und vermarkten kann. Der Beitrag arbeitet Rahmenbedingungen aus, unter denen sich die neue Marktrolle entwickeln kann und macht konkrete Vorschläge für die Umsetzung des § 14a EnWG in die Praxis.

Inhaltsverzeichnis

Abkürzungsverzeichnis

AbLAV	Verordnung zu abschaltbaren Lasten
Abs.	Absatz
AGB	Allgemeine Geschäftsbedingungen
Agg	Aggregator
a.F.	alte Fassung
Art.	Artikel
bdew/BDEW	BDEW Bundesverband der Energie- und Wasserwirtschaft e. V.
BGBl.	Bundesgesetzblatt
BK	Beschlusskammer
BKK	Bilanzkreiskoordinator
BKV	Bilanzkreisverantwortlicher
BNetzA	Bundesnetzagentur
BTOElt	Bundestarifordnung Elektrizität
bzgl.	bezüglich
bzw.	beziehungsweise
D	Ereignistag
dena	Deutsche Energie Agentur GmbH
d.h.	das heißt
EG	Europäische Gemeinschaft
EE	Erneuerbare Energien
EEG	Gesetz für den Ausbau erneuerbarer Energien
EnWG	Energiewirtschaftsgesetz
et	Energiewirtschaftliche tagesfragen
GVV	Grundversorgungsverordnung (Strom/Gas)
GW	Gigawatt
h	Stunde(n)
HT	Hochtarif
i.H.v.	in Höhe von
i.S.d.	im Sinne des/der
i.V.m.	In Verbindung mit
kWh	Kilowattstunde

KWK	Kraft-Wärme-Kopplung
L	Lieferzeitpunkt
LF	Lieferant, in der Arbeit immer im Sinne eines Stromlieferanten
LV	Letztverbraucher
MessZV	Messzugangsverordnung
MsbG	Messstellenbetriebsgesetz
MSB	Messstellenbetreiber
m.W.v.	mit Wirkung von
NB	Netzbetreiber
NNV	Netznutzungsvertrag
Nr.	Nummer
NS	Niederspannung
NT	Niedrigtarif
ProdHaftG	Produkthaftungsgesetz
RLM	registrierende Leistungsmessung
S.	Satz
SLP	Standardlastprofil
Sog.	so genannte(r)
StromGVV	Stromgrundversorgungsverordnung
StromNEV	Stromnetzentgeltverordnung
StromNZV	Stromnetzzugangsverordnung
stVE	Steuerbare Verbrauchseinrichtung
v.a.	vor allem
vNB	Vorgelagerter Netzbetreiber
VNB	Verteilnetzbetreiber
VKU	Verband kommunaler Unternehmen e.V.
VO	Verordnung
z.B.	zum Beispiel
ZSG	Zählerstandsgangmessung
u.a.	unter anderem
u.ä.	und Ähnliches
ÜNB	Übertragungsnetzbetreiber
uVE	unterbrechbare Verbrauchseinrichtung

Teil 1: Einleitung in die Thematik und Vorstellung des Arbeitsziels

A. Einführung in die Problematik

Das Energiekonzept der Bundesregierung aus dem Jahr 2010[1] und die Energiewendebeschlüsse vom 30.06.2011[2] bestimmen die gegenwärtige Energiepolitik in Deutschland. Die Erhöhung des Anteils der Stromerzeugung aus erneuerbaren Energien ist ein konkretes Ziel, für dessen Erreichen Veränderungen in allen Wertschöpfungsstufen – Erzeugung, Transport und Vertrieb – erforderlich sind. Den Ausbau der erneuerbaren Energien im Stromsektor hat das Erneuerbare-Energien-Gesetz (EEG)[3] in § 1 Abs. 2 EEG 2017 mit den Zielen verankert: der Anteil des Bruttostromverbrauchs aus erneuerbaren Energiequellen soll bis zum Jahr 2025 auf 40–45 % steigen und nach weiteren Etappenzielen bis zum Jahr 2050 mindestens 80 % betragen[4]. Das Netz muss auf die Veränderungen auf der Erzeugungsseite angepasst werden, damit der volatil erzeugte[5] Strom unter Wahrung des Zieltrios der Deutschen Energiepolitik – Versorgungssicherheit, Wirtschaftlichkeit (Kosteneffizienz) und Umweltverträglichkeit[6] – in die Stromwirtschaft integriert werden kann. Die „alte Welt" der Energiewirtschaft richtete die Erzeugung nach dem Verhalten der Verbraucher aus. Der Bedarf an Energie wurde zu jedem Zeitpunkt durch das Ein-/Ausschalten der konventionellen Kraftwerke gedeckt. Soll der von uns verbrauchte Strom jedoch zu 80 % aus den Anlagen zur Erzeugung erneuerbarer Energien stammen, werden wir einen großen Teil der Stromerzeugung nicht mehr nach unseren Bedürfnissen ausrichten können, da die Wetterverhältnisse die Erzeugung in den Wind- und Solaranlagen bestimmen. Alle Wertschöpfungsstufen – Erzeugung,

---

1 Bundesregierung, Das Energiekonzept, 2010, insbesondere unter Ziff. 2, 3 und 5.

2 Bundesregierung, Energiewendebeschlüsse vom 30.06.2011.

3 BT-Drs. 18/8860 vom 21.06.2016, vgl. S. 146.

4 § 1 Abs. 2 EEG 2017.

5 Der Begriff „volatile Erzeugung" ist nun in § 3 Nr. 38a EnWG als „Erzeugung von Strom aus Windenergieanlagen und aus solarer Strahlungsenergie" bestimmt.

6 Bundesregierung, Das Energiekonzept 2010.

Transport und Vertrieb – sind in diesen Veränderungsprozess eingebunden. So wird sich der Stromverbrauch teilweise an der Erzeugung orientieren müssen. Mit den Veränderungen auf dem Strommarkt dürfen keine Einschränkungen an der gewonnenen Sicherheit und Zuverlässigkeit der Energieversorgung einhergehen, weshalb die Durchleitungsmechanismen entsprechend angepasst werden müssen. Diese neue Ausrichtung des Verbrauchs an der Erzeugung unter Gewährleistung der Versorgungssicherheit wird als Paradigmenwechsel in der Energiewirtschaft bezeichnet[7].

Die Verteilernetze stehen vor besonders großen und neuen Herausforderungen. Rund 90 % der Anlagen zur Erzeugung Erneuerbarer Energien sind an das Verteilernetz angeschlossen[8]. In den nächsten Jahren wird es eine immer steigende Anzahl an Stunden geben, in denen sich die Einspeiseleistung innerhalb von nur einer Stunde um mehr als 5 GW verändert[9]. Auf der Abnehmerseite werden zunehmend Ladestationen für Elektromobile angeschlossen, die das Netz mit einem überwiegend spontanen Nutzungsverhalten immer mehr beanspruchen. Das Verteilernetz kann nicht bis zur letzten Lastspitze ausgebaut werden. Die Verteilnetzbetreiber müssen jedoch bereits kurzfristig auf diese Veränderungen reagieren und ihre Netze nach wie vor sicher, zuverlässig und effizient betreiben. Die Flexibilisierung des Verbraucherverhaltens bietet Möglichkeiten, auf die Einspeisung des volatil erzeugten Stroms zu reagieren. Hierfür sind jedoch sowohl Regulierungsmaßnahmen für das Netz als auch Anreize für den Markt erforderlich, damit diese Flexibilitäten tatsächlich zur Verfügung gestellt und genutzt werden können. Netzdienliche Steuerung steuerbarer Verbrauchseinrichtungen nach § 14a EnWG wurde 2011 in das Energiewirtschaftsgesetz (EnWG) als ein solches Instrument eingeführt[10].

---

7 BMWi, Weißbuch; BMWi, Grünbuch; bdew, Energievertriebe 2030.

8 bdew, BDEW-Roadmap zur Umsetzung von Smart Grids, S. 3; dena-Verteilnetzstudie, ohne %-Angabe insgesamt.

9 BNetzA, Flexibilität in der Stromversorgung, S. 7.

10 Gesetz zur Neuregelung energiewirtschaftlicher Vorschriften vom 26.7.2011 (BGBl. I S. 1554).

B. Gegenstand der Arbeit

Der in dieser Abhandlung behandelte Gegenstand, Belieferung von steuerbaren Verbrauchseinrichtungen in der Niederspannung nach § 14a EnWG und ihre netzdienliche Steuerung, stellt nur einen kleinen Ausschnitt des neuen Strommarkts dar. Die Norm kann nicht losgelöst von sonstigen Veränderungen in der Stromwirtschaft untersucht werden, die Arbeit kann jedoch nicht alle neuen Instrumente der Energiewirtschaft betrachten. Die Arbeit muss einige, auf dem Markt noch nicht verbreitete oder gar noch nicht zu Ende entwickelte Annahmen voraussetzen. So ist zwar der rechtliche Rahmen für den Rollout intelligenter Messeinrichtungen mit dem Messstellenbetriebsgesetz[11] bereits geschaffen, die intelligenten Messsysteme werden auf dem Markt gerade in dem hier relevanten Endkundenbereich aber noch nicht massengeschäftstauglich eingesetzt. Es fehlen Erfahrungswerte über die Funktionsfähigkeit und den tatsächlichen Nutzen der intelligenten Zähler und der Steuerung von Verbrauchseinrichtungen auf der Niederspannungsebene außerhalb der SLP-Belieferung. Eine weitere wichtige Voraussetzung der smarten digitalen Welt, die Einhaltung der datenschutzrechtlichen Vorgaben, befindet sich noch in der ständigen Diskussion, aber auch schon in der Umsetzung und Zertifizierung nach dem privacy-by-design-Standard durch das Bundesamt für Sicherheit in der Informationstechnik[12]. Dennoch wird für die vorliegende Arbeit die technische, IT-seitige, rechtliche und wirtschaftliche Machbarkeit und Funktionsfähigkeit der Digitalisierung der Energiewelt vorausgesetzt. Denn nur so kann die Integration des neuen § 14a EnWG-Instruments in den Strommarkt 2.0 analysiert werden und die Ausarbeitung möglicher neuer Marktrollen, ihrer Aufgaben, relevanter Rechtsverhältnisse für die aktuellen Entwicklungen in der Stromversorgung im Vergleich zum konventionellen „nicht digitalisierten" Strommarkt einen Mehrwert bieten. Es können auch nicht alle Folgefragen der neuen Gestaltung der Rechtsbeziehungen aus § 14a EnWG vertieft werden: Die Arbeit

11 Gesetz über den Messstellenbetrieb und die Datenkommunikation in intelligenten Energienetzen (Messstellenbetriebsgesetz – MsbG) vom 29.08.2016 (BGBl. I S. 2034).

12 BMWi, Smart Metering – Datenschutz und Datensicherheit auf höchstem Niveau, S. 2.

konzentriert sich nur auf die typischen energiespezifischen Fragen, anderweitige Rechtsgebiete (z.B. Steuerrecht, Mess- und Eichrecht, Datenschutz) können nicht geprüft, bei besonderer Wichtigkeit nur aufgezeigt werden.

C. Gang der Untersuchung und Zielsetzung

Die Arbeit stützt sich auf das förmliche Gesetz, § 14a EnWG. Die Norm enthält in § 14a S. 3 EnWG eine Ermächtigungsgrundlage für eine konkretisierende Rechtsverordnung. Zum Zeitpunkt der Erstellung der Arbeit liegt keine Konkretisierung auf der Verordnungsebene vor. Die Arbeit hat nicht den Zweck, einer Verordnung vorzugreifen. Mit der nachfolgenden Untersuchung wird die Neuordnung des Strommarktes, wie im Weißbuch der Bundesregierung und in dem Strommarktgesetz vorgegeben, ohne Interimslösungen, speziell für die in den § 14a EnWG involvierten Rechtsbeziehungen ausgearbeitet.

Dafür werden zunächst anhand der Belieferung einer unterbrechbaren Verbrauchseinrichtung, wie sie gegenwärtig erfolgt, die Grundsätze der Stromlieferungen aufgezeigt. Dann wird § 14a EnWG in den Kontext der aktuellen Veränderungen in der Stromwirtschaft eingeordnet, sein Zweck durch die Herausarbeitung des Regelungsinhalts abgeleitet. Weitere Instrumente sowie die Anpassung bestehender Rahmenbedingungen, z.B. im Hinblick auf die Marktkommunikation, Vermarktung von Strommengen bzw. Flexibilitäten werden im Zusammenhang mit der zweckgerichteten Umsetzung des § 14a EnWG diskutiert. Die Schlussfolgerungen aus der Regelung in § 14a EnWG werden mit dem Vorschlag neuer bzw. geänderter Rechtsbeziehungen mit dem Ziel der bestmöglichen Implementierung in den Strommarkt 2.0 umgesetzt. Das Ziel der Arbeit ist die Erstellung eines Modells, das einerseits die Anreize für den Markt – die Steuerung geeigneter Verbrauchseinrichtungen dem Verteilnetzbetreiber zu überlassen – bietet und andererseits dem Verhalten der Verteilnetzbetreiber einen Rahmen vorgibt, der eine transparente und diskriminierungsfreie Entwicklung des neuen Markts gewährleistet.

Teil 2: Einordnung des § 14a EnWG in das neue Strommarktdesign

§ 14a EnWG wurde 2011 mit der EnWG-Novelle[13] als eine Regelung über Belieferung unterbrechbarer Verbrauchseinrichtungen ins Energiewirtschaftsgesetzt eingeführt. Allerdings wurden unterbrechbare Verbrauchseinrichtungen auch zuvor nach entsprechenden Standardlastprofilen mit Strom beliefert. Um die Besonderheiten der noch relativ jungen Norm zu verstehen, muss sie in den Kontext der aktuellen Entwicklungen in der Energiewirtschaft eingeordnet werden. Hierfür wird zunächst der noch in der Praxis bestehende Strommarkt dem angestrebten, vom Bundeswirtschaftsministerium als „Strommarkt 2.0" vorgestellten Energieversorgungssystem[14] gegenübergestellt. Sodann werden die Änderungsschwerpunkte aufgezeigt.

A. Bestehender Strommarkt

Die Versorgungssicherheit, die für Verbraucher eine gefühlte Selbstverständlichkeit, für die funktionierende Wirtschaft und die Infrastruktur jeder Art die unbedingte Voraussetzung ist, erfordert ein gut funktionierendes Zusammenwirken aller Marktbeteiligten auf allen Wertschöpfungsstufen – Erzeugung, Transport und Vertrieb – innerhalb der technisch, wirtschaftlich und rechtlich vorgegebenen Rahmenbedingungen.

Das Weißbuch grenzte das angestrebte als Strommarkt 2.0 bezeichnete Strommarktdesign erstmalig klar vom bestehenden Strommarkt ab[15]. Zwar wurden bereits mit dem Inkrafttreten des Strommarktgesetzes am 23.06.2016[16] und des Gesetzes zur Digitalisierung der Energiewende (GDEW) am 02.09.2016[17] die wesentlichen Schritte zum Strommarkt 2.0

---

13 Gesetz zur Neuregelung energiewirtschaftlicher Vorschriften vom 26.7.2011 (BGBl. I S. 1554).

14 BMWi, Weißbuch, S. 32 ff.

15 BMWi, Weißbuch, S. 32.

16 Strommarktgesetz vom 23.06.2016 (BGBl. I 2016, S. 1786).

17 Gesetzes zur Digitalisierung der Energiewende (GDEW) vom 02.09.2016 (BGBl. I 2016, S. 2034).

normativ umgesetzt. Doch bis zur tatsächlichen Änderung der bestehenden Strukturen der Stromwirtschaft müssen die technischen Bedingungen, v.a. in Form von Smart Meter, geschaffen und marktgerechte Regeln, z.B. für die zählerstandsganggemessene Bilanzierung, Marktkommunikation u.a., festgelegt werden. Insofern wird nachfolgend zwischen dem „bestehenden Strommarkt" und dem „Strommarkt 2.0" unterschieden. Unter dem „bestehenden Strommarkt" wird die aktuell bestehende Stromwirtschaft trotz der bereits geltenden gesetzlichen Rahmenbedingungen aus dem Strommarktgesetz und dem Gesetz zur Digitalisierung der Energiewende verstanden, solange noch kein Rollout der Smart Meter erfolgt ist.

Nachfolgend wird aufgezeigt, wie die Endkundenbelieferung, insbesondere die Belieferung unterbrechbarer Verbrauchseinrichtungen, in der Praxis umgesetzt wird und welche Hemmnisse für die Umsetzung des § 14a EnWG im Sinne des Weißbuchs im aktuellen System bestehen.

Die von Endkunden entnommenen Strommengen müssen erzeugt und zu dem Kunden über das Stromnetz transportiert werden. Die Ein- und Ausspeisungen müssen zu jedem Zeitpunkt gleich sein, um die Soll-Frequenz von 50 Hertz im Stromnetz aufrechtzuerhalten. Bei der Vielzahl von Ausspeisestellen und der wachsenden Anzahl der Einspeisestellen aus den Erneuerbare-Energien-Anlagen besteht der zeitgleiche Ausgleich im Netz aus vielen aufeinander abgestimmten Einzelmaßnahmen zwischen den involvierten Marktrollen. Dafür muss jede Stromlieferung in einem Bilanzkreis erfasst sein, § 20 Abs. 1a S. 5 EnWG i.V.m. § 3 Abs. 2, § 4 Abs. 3, § 26 StromNZV. Der Verbrauch der Endkunden muss prognostiziert werden, um die für die jeweilige Verbrauchsstelle einzuplanenden Mengen nominieren zu können. Dies kann nach dem tatsächlichen oder nach einem geschätzten Verbrauchsverhalten der Endkunden erfolgen.

Zur Verbrauchsschätzung dienen bei den in der Niederspannung angeschlossenen Kunden mit einem jährlichen Verbrauch von weniger als 100.000 kWh Standardlastprofile (SLP), § 12 Abs. 1, 2 StromNZV. Die verbrauchsbezogene Abwicklung der Stromlieferungen kann mit registrierter Leistungsmessung (RLM), § 10 Abs. 1, § 24 Abs. 2 Nr. 3 StromNZV oder mit erfassten Zählerstandsgängen (ZSG), § 12 Abs. 1 StromNZV, § 2 Nr. 27 MsbG erfolgen.

I. *Belieferung nach SLP*

Für Kunden mit einer jährlichen Entnahme von weniger als 100.000 kWh müssen Netzbetreiber nach § 12 Abs. 1 StromNZV standardisierte Lastprofile vorgeben. Der Sinn, die Belieferung von Kunden mit einem vergleichsweise geringen Verbrauchsanteil, nach Standardlastprofilen abzuwickeln, liegt darin, einerseits das Abnahmeverhalten der Endkunden möglichst genau abzubilden, andererseits die Massengeschäftstauglichkeit einer solchen Belieferungsabwicklung zu gewährleisten.

§ 12 StromNZV verpflichtet die Netzbetreiber, verschiedene Standardlastprofile vorzugeben. Die Norm regelt jedoch nicht, wie und von wem die Standardlastprofile zu erstellen sind. Ebenso wenig besagt § 12 StromNZV, wie differenziert die Standardlastprofile ausfallen müssen. Die Bundesnetzagentur ist nach den §§ 27 Abs. 1 Nr. 7 StromNZV und 29 Abs. 1 EnWG ermächtigt, Standardlastprofile für einzelne Verbrauchsgruppen, so für unterbrechbare Verbrauchseinrichtungen, sonstige Abwicklungsregelungen für das synthetische Verfahren und zu einheitlichen Anwendungssystemen für das analytische Verfahren festzulegen. Die Ermächtigung erschöpft sich jedoch in der Ausgestaltung des Verfahrens. Welches Verfahren letztendlich angewendet wird, soll weiterhin der Entscheidungsbefugnis des Netzbetreibers unterliegen. Branchenverbände gaben einen Praxisleitfaden (LPUVE-Leitfaden) als unverbindliche Richtlinie für die Gestaltung der Standardlastprofile durch die Verteilernetzbetreiber heraus[18].

Die Unterschiede zwischen dem prognostizierten Lastgang und dem tatsächlichen Lastgang sind nach § 12 Abs. 3 StromNZV vom Netzbetreiber in Differenzbilanzkreisen auszugleichen. Die Ergebnisse der Differenzbilanzierung sind durch den Netzbetreiber nach § 12 Abs. 3 S. 3 StromNZV jährlich zu veröffentlichen. Der Differenzbilanzkreis ist vom Netzbetreiber zu führen. Er kann, muss jedoch nicht, Lastprofilabweichungen prognostizieren, diese durch Einsatz der Regelenergie ausgleichen und somit insgesamt die Kosten für Regelenergie reduzieren. Die Kosten aus der Führung des Bilanzkreises gibt der Netzbetreiber über die Netznutzungsentgelte an den Netznutzer weiter.

---

18 *VDN e.V., VWEW*: Lastprofile für unterbrechbare Verbrauchseinrichtungen – Praxisleitfaden.

Zusammengefasst hat das bestehende SLP-Belieferungssystem folgende Auswirkungen auf das Verhalten der Lieferanten:

- Es besteht keine Pflicht für Netzbetreiber, die SLP zu verbessern.
- Die Belieferung der steuerbaren Verbrauchseinrichtungen erfolgt auf der Grundlage von Standardlastprofilen nach § 12 Abs. 2 Nr. 5 und 6 StromNZV für den Lieferanten risikofrei.
- Der Lieferant hat weder die Pflicht noch die Möglichkeit, die Bilanzkreisbewirtschaftung aktiv zu nutzen.

II. *Belieferung mit RLM*

Werden Kunden nicht nach standardisierten Lastprofilen beliefert, so erfolgt eine viertelstündige Leistungsmessung, § 18 Abs. 1 S. 1 StromNZV. Dabei handelt es sich um Kunden mit einem Verbrauch von mehr als 100.000 kWh. Die Messvorrichtungen für die registrierende Leistungsmessung dürften bei der Belieferung der Abnehmer von kleineren Strommengen in der Niederspannung, i.d.R. Verbraucher, nicht zu finden sein, da sie mit hohen Investitions- und Betriebskosten verbunden sind. Zwar gab es auch für Kunden mit einem geringeren Verbrauch als 100.00 kWh die Möglichkeit, leistungsgemessen beliefert zu werden, § 10 Abs. 3 MessZV a.F.[19]. Dies dürfte in der Praxis jedoch nur vereinzelt vorgekommen sein.

In der Niederspannung werden nur vereinzelt RLM-Kunden beliefert. Diese Kundengruppe wird nachfolgend in der Arbeit nicht explizit genannt, wäre jedoch nach dem Umsetzungsvorschlag dieser Arbeit genauso wie die zählerstandsganggemessene Kundengruppe zu behandeln.

---

19 Verordnung über Rahmenbedingungen für den Messstellenbetrieb und die Messung im Bereich der leitungsgebundenen Elektrizitäts- und Gasversorgung (Messzugangsverordnung – MessZV) vom 17. Oktober 2008 (BGBl. I S. 2006). Gemäß Artikel 12 des Gesetzes zur Digitalisierung der Energiewende vom 29. August 2016 (BGBl. I S. 2034) wurde die MessZV mit Wirkung vom 2. September 2016 aufgehoben.

III. *Belieferung mit ZSG*

Die Zählerstandsgangmessung wurde mit der Gesetzesänderung mit Wirkung zum 22.8.2013 in § 12 Abs. 1 Satz 1 StromNZV wörtlich „zwischen" die SLP- und die RLM-Belieferung eingeführt. Nach § 12 Abs. 4 StromNZV soll ein Netznutzer auf Basis von Zählerstandsgängen bilanziert, gemessen und abgerechnet werden, sofern die Ein- und Entnahmepunkte mit intelligenten Messsystemen ausgestattet sind. Mangels technisch geeigneter Messvorrichtungen fristete die Norm jedoch ein Dasein des „Papiertigers" bis zum In-Kraft-Treten des Messstellenbetriebsgesetzes am 02.09.2016. § 2 Nr. 27 MsbG definiert die Zählerstandsgangmessung bei Stromlieferungen als eine viertelstündige Messung von Zählerständen. Anhand dieser Messwerte lässt sich die Leistung berechnen, die jedoch für die Netzentgeltkalkulation bei einer Belieferung mit Zählerstandsgangerfassung unter einem Jahresverbrauch von 100.000 kWh unberücksichtigt bleibt, da nur der Arbeitspreis abgerechnet wird, § 17 Abs. 6 StromNEV. Die Zählerstandsgangmessung soll nach § 12 Abs. 1 StromNZV i.V.m. § 55 Abs. 1 Nr. 1 MsbG bei vorhandenen intelligenten Messsystemen die alten Messverfahren, die registrierte Leistungsmessung bei Kunden mit einem Verbrauch von mehr als 100.000 kWh und die turnusmäßige Messung mit den herkömmlichen Messgeräten bei Kunden unterhalb der 100.000 kWh-Menge, aber mit mehr als 10.000 kWh Jahresstromverbrauch (heute SLP-Kunden), als die favorisierte Standardmessung ablösen. Bei den heutigen RLM-Kunden würde die registrierte Lastgangmessung nur noch dann vorgenommen werden, wenn sie erforderlich ist. Sofern eine steuerbare Verbrauchseinrichtung im Sinne des § 14a EnWG mit intelligenten Messsystemen ausgestattet ist, soll ihre Belieferung mit Zählerstandsgängen erfasst werden, § 55 Abs. 1 Nr. 2, Nr. 3 MsbG. Ein Bilanzierungsverfahren für Stromlieferungen mit einer Zählerstandsgangmessung ist zum Zeitpunkt der Erstellung der Arbeit nicht geregelt bzw. festgelegt. Allerdings stellte die Bundesnetzagentur sowohl eine SLP-ähnliche als eine RLM-ähnliche Bilanzierung als mögliche Wege dar[20]. Im Rahmen der vorliegenden Abhandlung wird deutlich, dass nur eine RLM-nahe Bilanzierung einem Aggregator die Möglichkeiten einer effizienten Vermarktung der Flexibilitäten erlaubt. Zumindest für das

20 Reichel: Bilanzierung im Massenmarkt – Die Zukunft der Standardlastprofile.

hier vorgeschlagene Umsetzungsmodell wird ein Bilanzierungsverfahren auf der Grundlage von ¼-stündigen Meldungen benötigt.

IV. *Belieferung von steuerbaren Verbrauchseinrichtungen im Sinne des § 14a EnWG*

Unterbrechbare Verbrauchseinrichtungen, die den Regelungsgegenstand des § 14a EnWG bis zur letzten Gesetzesänderung[21] darstellten, werden gegenwärtig nach § 12 Abs. 2 Nr. 5 StromNZV auf der Grundlage von Standardlastprofilen beliefert. Die Netzbetreiber haben in der Regel Standardlastprofile für Wärmepumpen sowie für Heizwärmespeicher, § 12 Abs. 2 Nr. 6 StromNZV, die die Zeiträume mit höheren Preisen bei hoher Netzauslastung und niedrigeren Preisen bei geringerer Netzauslastung vorgeben. Die Begünstigung der Belieferung von unterbrechbaren Verbrauchseinrichtung bestand noch nach § 7 BTOElt[22]. Bereits gemäß der BTOElt war der Zweck der HT-/NT-Zeitfenster, geeignete Verbrauchseinrichtungen so zu beliefern, dass die Lastspitzen vermieden werden und somit das Netz gleichmäßiger ausgelastet wird. Auch im veränderten Strommarkt sollen die SLP für unterbrechbare Verbrauchseinrichtungen denselben Zweck erfüllen[23]. Die planbare Verschiebung der Lasten in die lastschwachen Zeiten ermöglicht es dem Netzbetreiber, die Netzauslastung im Vorfeld zu steuern und somit eine bessere Grundauslastung zu erzielen. Die Flexibilisierung der Lasten auf der Verbraucherseite durch Vorgabe fester Zeitfenster durch die Netzbetreiber lässt sich aus Netzbetreibersicht planen. Durch die optimale Netzauslastung kann der an den seltenen Lastspitzen orientierte Netzausbau vermieden werden, was für Netzbetreiber einen sinnvollen Vorteil darstellt[24].

---

21 In Kraft getreten am 2.09.2016 (BGBl. I 2034).

22 Die Bundestarifordnung Elektrizität (BTOElt) durch Art. 5 des 2. EnWRNG (Zweites Gesetz zur Neuregelung des Energiewirtschaftsrechts v. 7.7.2005 BGBl. I S. 1970) aufgehoben und trat m.W.v. 1.7.2007 außer Kraft.

23 BR-Drs. 244/05, S. 25 f.

24 Vgl. Büchner/Hörnig/Nikogosian/Sundekötter/Thielmann/Wolffram, Mehr Flexibilität in der Ausgestaltung der Strom-Netzentgelte – Instrumente eines zukunftsgerichteten Netzentgeltsystems, energiewirtschaftliche tagesfragen 2016, 13, 16.

Die Netzbetreiber berechnen für die Belieferung von den unterbrechbaren Verbrauchseinrichtungen sowie Heizwärmespeichern i.d.R. günstigeres Netznutzungsentgelt, das nicht mehr nach § 19 Abs. 2 S. 1 StromNEV genehmigt wird[25]. Die Netznutzungsentgeltreduzierung liegt nach einer Umfrage der Bundesnetzagentur bei 60–80 % vom regulären Netznutzungsentgelt[26]. Ferner fällt für Schwachlastzeitfenster eine reduzierte Konzessionsabgabe nach § 2 Abs. 2 Nr. 1a) KAV an. Die Lieferanten bieten bundesweit lediglich zeitvariable Tarife für die Belieferung von unterbrechbaren Verbrauchseinrichtungen auf der Grundlage der Standardlastprofile des Netzbetreibers an[27]. Verfügt der Kunde über eine Wärmepumpe oder einen Heizwärmespeicher, so kann er sich für einen so genannten HT-/NT-Tarif entscheiden. Die Bilanzierung erfolgt auf der Grundlage der vom Netzbetreiber vorgegebenen standardisierten Lastprofile. Die unterbrechbaren Verbrauchseinrichtungen werden mit Rundfunksteuerung geschaltet.

Die verwendeten SLP bilden nicht zwangsläufig zuverlässig das Endkundenverhalten ab. So werden nicht überall temperaturabhängige SLP verwendet[28], was gerade bei den gängigen unterbrechbaren Verbrauchseinrichtungen, wie der Nachtspeicherheizung und der Wärmepumpe, das Wetter als einen entscheidenden Einfluss auf das Verbraucherverhalten unberücksichtigt lässt. Ferner werden in der Praxis solche Lastprofile, die Events oder Wochentage beachten, nicht geführt.

Die unzureichende Nähe der aktuell verwendeten SLP zum tatsächlichen Letztverbraucherverhalten wird durch die Bundesnetzagentur thematisiert. Das von der Bundesnetzagentur am 23.06.2010 eröffnete Festlegungsverfahren zur Vereinheitlichung und Weiterentwicklung von Standardlastprofilen[29]

25 BNetzA BK8-11-024 vom 14.12.2011, S. 19.

26 Vgl. BNetzA, Flexibilität in der Stromversorgung, S. 42.

27 Vgl. Ecofys, Potentiale der Wärmepumpe.

28 Ecofys, Potentiale Wärmepumpe, nur 2/3 der Profile sind temperaturabhängig.

29 BNEtzA, BK6 vom 23.06.2010, BK6-10-101: Eröffnung eines Festlegungsverfahrens zur Vereinheitlichung und Weiterentwicklung von Standardlastprofilverfahren (Strom), abrufbar unter https://www.bundesnetzagentur.de/DE/Service-Funktionen/Beschlusskammern/1BK-Geschaeftszeichen-Datenbank/BK6-GZ/2010/2010_0001bis0999/2010_100bis199/BK6-10-101_BKV/BK6-10-101_BKV_NavNode.html, Abrufdatum 3.12.2017.

hatte als Zielsetzung bereits die Verpflichtung zur Einführung zusätzlicher Standardlastprofile für HT-/NT-Belieferung, um die bilanzierungswirksame Rückkopplung des veränderten Endkundenverbrauchsverhaltens zu ermöglichen. Ferner hätten die Netzbetreiber bei Heizstrombelieferung ausschließlich temperaturabhängige Lastprofile verwenden müssen. Für die HT-/NT-Belieferung sollten in den Kundengruppen Haushalt, Gewerbe und Landwirtschaft jeweils drei zusätzliche Lastprofile angeboten und verwendet werden. Bei der Zielrichtung der Festlegung wurde zwar nur die Förderung des Angebots variabler Tarife nach § 40 Abs. 5 EnWG genannt, das Vorhaben stand jedoch gleichermaßen im Sinne des Regelungszwecks des § 14a EnWG a.F., sofern es die nach SLP belieferten unterbrechbaren Verbrauchseinrichtungen betraf. Das Verfahren fand bis zum Zeitpunkt der Fertigstellung der Arbeit keinen Abschluss. Ein möglicher Grund ist die Einführung der Smart Meter und das Bestreben, die ZSG-Belieferung im Letztverbrauchermarkt zu etablieren. Das MsbG sieht für alle Anlagen, die Steuerungsvereinbarungen mit den Netzbetreibern nach § 14a EnWG eingehen, eine Ausstattung mit intelligenten Messvorrichtungen vor, § 29 Abs. 1 Nr. 1 MsbG. Dadurch würden viele SLP entweder entfallen oder sich wesentlich verändern.

Zusammenfassend kann über die Belieferung steuerbarer Verbrauchseinrichtungen festgehalten werden:

- Gegenwärtig werden unterbrechbare Verbrauchseinrichtungen nur nach SLP beliefert. Das bestehende System der Belieferung auf Basis von SLP bildet nicht hinreichend genau das Verbraucherverhalten unterschiedlicher Kunden mit unterschiedlichen unterbrechbaren Verbrauchseinrichtungen ab und kann somit das bestehende Lastverlagerungspotential nicht erfassen. Eine ausdifferenzierte Überarbeitung der Standardlastprofile wäre für eine bessere planbare Netzauslastung aus Sicht einzelner Netzbetreiber wichtig.
- Für die Belieferung mit Zählerstandsgangerfassung, die nach dem Messstellenbetriebsgesetz für die Belieferung steuerbarer Verbrauchseinrichtungen nach § 14a EnWG relevant ist, fehlen zum jetzigen Zeitpunkt regulatorische Rahmenbedingungen, v.a. zu Bilanzierung und Marktkommunikation.

In der Abbildung 1 werden die verschiedenen Belieferungsmöglichkeiten im Zusammenhang mit den steuerbaren Verbrauchseinrichtungen zusammengefasst:

	Stromlieferungen nach/mit		
	SLP	**ZSG**	**RLM**
Relevanz für §14a EnWG	SLP für unterbrechbare VE	Im MsbG für § 14a EnWG-Einrichtungen vorgesehen	in der NS selten
Bewertung aktuell / Kritik	Weiterhin erforderlich, jedoch • ungenau • unflexibel	ZSG ermöglicht flexiblen Einsatz der st. VE und ihre weitere Vermarktung	aufwendig, kostenintensiv
Anpassungs-bedarf	SLP müssen überarbeitet werden: • mehr Profile näher am tatsächlichen Verhalten, Temperaturabhängigkeit verpflichtend	• Intelligente Messeeinrichtungen erforderlich • Bilanzierungsregelungen erforderlich	Wegen geringer Relevanz in der NS wird nachfolgend außer Betracht gelassen

Abbildung 1: Abwicklung der Stromlieferungen nach SLP, RLM und ZSG

B. Strommarkt 2.0

Der Begriff des Strommarkts 2.0 ist auf das als Weißbuch bekanntes Ergebnispapier des Bundesministeriums für Wirtschaft und Energie „Ein Strommarkt für die Energiewende“ vom Juli 2015 zurückzuführen[30]. Darin werden insbesondere Eckpunkte der Stromwirtschaft skizziert, die geändert oder neu eingeführt werden sollen, damit unsere Versorgung sicher und wirtschaftlich auf erneuerbare Energien umgestellt werden kann. Die Zielrichtung der Entwicklungen auf dem Strommarkt wurde dabei bereits mit dem Dritten Binnenmarktpaket Energie im Jahr 2009 vorgegeben und mit der Energieeffizienzrichtlinie im Jahr 2012 noch einmal näher konkretisiert. In diesem Kapitel wird der Strommarkt 2.0, dessen Bestandteil § 14a EnWG ist, mit seinen Grundlagen auf der EU-Ebene aufgezeigt.

30 BMWi, Weißbuch.

I. *EU-Vorgaben zur Flexibilisierung des Verbraucherverhaltens*

§ 14a EnWG wurde mit der Energierechtsnovelle 2011[31], mit der wesentliche Vorgaben des Dritten Binnenmarktpakets Energie[32] umgesetzt wurden, ins Gesetz eingeführt. Eine Änderung erfuhr § 14a EnWG mit dem Gesetz zur Digitalisierung der Energiewende[33], womit die EU-Vorgaben für den Roll-out von Smart Metern ebenfalls aus dem dritten Binnenmarktpaket auf nationaler Ebene umgesetzt wurden.

Welche europäischen Vorgaben setzte der nationale Gesetzgeber mit der Einführung des § 14a EnWG genau um? In den EU-Vorgaben wird zwar nicht explizit das Instrument der vertraglichen Vereinbarungen zwischen den Netzbetreibern und Kunden zur Steuerung von Verbrauchseinrichtungen auf der Kundenseite zur Netzstabilisierung geregelt. Die Notwendigkeit, das Verhalten auf der Nachfrageseite zu flexibilisieren, wird mit den Begriffen „Nachfragesteuerung“ und „Laststeuerung“ im Dritten Binnenmarktpaket Energie und in der Energieeffizienzrichtlinie betont.

---

31 Gesetz vom 26.07.2011 (BGBl. I S. 1554).

32 Das Dritte Binnenmarktpaket Energie besteht aus VO (EG) 713/2009 des Europäischen Parlamentes und Rates zur Gründung einer Agentur für die Zusammenarbeit der Energieregulierungsbehörden (ACERVO 2009) v. 13.07.2009 (ABl. L 211 S. 1 ff.); VO (EG) 714/2009 des Europäischen Parlamentes und Rates über die Netzzugangsbedingungen für den grenzüberschreitenden Stromhandel und zur Aufhebung der VO (EG) 1228/2003 (Stromhandelsverordnung – StromhandelsVO) v. 13.07.2009 (ABl. L 211 S. 15 ff.); VO (EG) 715/2009 des Europäischen Parlamentes und Rates über die Bedingungen für den Zugang zu Erdgasfernleitungsnetzen und zur Aufhebung der VO (EG) 1775/2005 (Erdgasfernleitungsnetzzugangsverordnung – ErdgasZVO) v. 13.07.2009 (ABl. L 211 S. 36 ff., berichtigt in ABl. L 229 S. 29 f.), RL 2009/72/EG des Europäischen Parlamentes und Rates über gemeinsame Vorschriften für den Elektrizitätsbinnenmarkt und zur Aufhebungder RL 2003/54/EG (Elektrizitätsbinnenmarktrichtlinie – EltRL 2009) v. 13.07.2009 (ABl. L 211 S. 55 ff.) und RL 2009/73/EG des Europäischen Parlamentes und Rates über gemeinsame Vorschriften für den Erdgasbinnenmarkt und zur Aufhebung der RL 2003/55/EG (Erdgasbinnenmarktrichtlinie – FasRL 2009) v. 13.07.2009 (ABl. L 211 S. 94).

33 Gesetz zur Digitalisierung der Energiewende vom 29.08.2016 m.W.v. 2.09.2016 (BGBl. I S. 2034).

1. *Drittes Binnenmarktpaket Energie*

Im Dritten Binnenmarktpaket Energie wird an mehreren Stellen verlangt, Instrumente für den Anreiz und den Einsatz der Nachfragesteuerung auf der nationalen Ebene einzuführen. Nach Art. 2 Nr. 29 RL 2009/72/EG wurde der Begriff „Nachfragesteuerung" in einer Definition mit „Energieeffizienz" zusammengefasst: Dabei sollten unterbrechbare Lieferverträge den Investitionen zur Steigerung der Erzeugungskapazität vorgezogen werden, wenn die damit erreichbaren Vorteile für die Umwelt, Versorgungssicherheit und geringerer Verteilungskosten die wirksamste und wirtschaftlichste Option darstellten. Die Nachfragesteuerung ist hier somit als ein Instrument zu verstehen, mit dem das Ziel, die Energieeffizienz im Sinne der kostensparenden Energieversorgung zu erreichen. Art. 3 Abs. 10 der RL 2009/72/EG legt den Mitgliedsstaaten auf, u.a. Maßnahmen zur Energieeffizienz/Nachfragesteuerung zu ergreifen, die auch in der Schaffung geeigneter wirtschaftlicher Anreize für den Aufbau und den Erhalt der erforderlichen Netzinfrastruktur liegen könnten. Nach Art. 25 Abs. 7 RL 2009/72/EG haben die Verteilnetzbetreiber bei der Ausbauplanung Nachfragesteuerungsmaßnahmen, durch die die Notwendigkeit einer Nachrüstung oder eines Kapazitätsersatzes erübrigen könnte, zu berücksichtigen. Das Dritte Binnenmarktpaket Energie gibt somit als Zielrichtung auf, Maßnahmen zur Nachfragesteuerung einzuführen, um die bestehende Netzinfrastruktur insbesondere auf der Verteilernetzebene effizienter nutzen zu können.

2. *Energieeffizienzrichtlinie*

Die Energieeffizienzrichtlinie[34] führt den Begriff der „Laststeuerung" als ein wichtiges Instrument zur Verbesserung der Energieeffizienz ein, das geeignet ist, den Verbrauch zu verlagern, was zur Energieeinsparungen durch bessere Nutzung der Netze und Erzeugungskapazitäten bei der Energieerzeugung, -übertragung bzw. -fernleitung und -verteilung führen soll[35].

---

34 RL 2012/27/EU des Europäischen Parlaments und des Rates vom 25.10.2012 zur Energieeffizienz, zur Änderung der Richtlinien 2009/125/EG und 2010/30/EU und zur Aufhebung der Richtlinien 2004/8/EG und 2006/32/EG, ABl. L 315/1 vom 14.11.2012.

35 Erwägungsgrund 44 der RL 2012/27/EU.

Damit wiederholt sich die bereits mit dem Dritten Binnenmarktpaket Energie formulierte Zielrichtung bei der Einführung der „Nachfragesteuerung". Die Energieeffizienzrichtlinie geht aber in ihren Vorgaben weiter: Im Zusammenhang mit dem Begriff „Laststeuerung" wird nahezu eine neue Marktstruktur verlangt, die das Entstehen der steuerbaren Lasten anreizen und deren Einsetzten fördern soll. Die Mitgliedsstaaten müssen Rahmenbedingungen für den Zugang zu Laststeuerungsmaßnahmen auch für kleinere Endverbraucher schaffen[36]. Anreize, die der Ausnutzung der Laststeuerung auf allen Wertschöpfungsstufen entgegenwirken könnten[37], seien von den Mitgliedsstaaten zu beseitigen. Den nationalen Regulierungsbehörden sollen Befugnisse eingeräumt werden, Netztarife so dynamisch zu gestalten, dass dadurch erforderliche Anreize für ein lastverlagerndes Verbrauchsverhalten der Endkunden gesetzt werden können[38]. Ein systematischer Aufbau eines Marktes für steuerbare Lasten wird mit der Definition einer neuen Rolle, eines „Aggregators" als einen Lastmanagement-Dienstleister, der die Mengen zur Weitervermarktung bündelt[39], deutlich. Die Regulierungsbehörden sind mit den Befugnissen auszustatten, Rahmenbedingungen für die Vermarktung von nachfrageseitigen Ressourcen auf verschiedenen Systemdienste-Märkten anzupassen bzw. zu schaffen[40]. Genauere Kriterien für die Regulierung gibt Anhang XI zur Energieeffizienzrichtlinie vor. Danach sollen die Regulierungsmaßnahmen darauf ausgerichtet sein, alle betroffenen Marktteilnehmer dazu anzuhalten, ein laststeuerndes Verhalten zu ergreifen, sei es durch die Wahl der Tarife oder durch die Schaffung gezielter Vermarktungsmöglichkeiten auf den sog. „organisierten Strommärkten".

36 Erwägungsgrund 45 der RL 2012/27/EU.
37 Art. 15 Abs. 4 der RL 2012/27/EU.
38 Erwägungsgrund 45 der RL 2012/27/EU.
39 Art. 2 Nr. 45 der RL 2012/27/EU.
40 Art. 15 Abs. 8 der RL 2012/27/EU.

II. *Stand der aktuellen Entwicklungen auf nationaler Ebene*

Auf der Bundesebene hat die Bundesregierung im Weißbuch[41] die Grundsatzentscheidung getroffen, den bestehenden Strommarkt zum Strommarkt 2.0 zu entwickeln. Die Grundsätze des mit dem Weißbuch[42] designten Strommarkts sind mit dem am 23.06.2016 in Kraft getretenen § 1a EnWG normiert. § 14a EnWG ist ein kleiner Teil der Maßnahmen zur Flexibilisierung der Nachfrage und stellt den in § 1a Abs. 3 EnWG dargestellten Grundsatz des Strommarktes 2.0 dar. Der Einsatz der Lasten soll mit Erzeugungsanlagen und Stromspeichern konkurrieren mit dem Ziel, die Kosten der Energieversorgung zu verringern, „die Transformation zu einem umweltverträglichen, zuverlässigen und bezahlbaren Energieversorgungssystem“ zu ermöglichen und die Versorgungssicherheit zu gewährleisten.

Der bestehende Strommarkt wird zu dem „Strommarkt 2.0“ entwickelt, mit dem die Stromversorgung an die Herausforderungen der Energiewende angepasst und die Versorgungssicherheit weiterhin gewährleistet wird. Die bestehenden Marktmechanismen, v.a. das Bilanzkreis- und Ausgleichsenergiesystem, werden mit gesetzlichen Vorgaben weiter gestärkt. Für eine flexible und effiziente Stromversorgung werden neue Instrumente entwickelt, bestehende Instrumente hinterfragt und angepasst. Für die zusätzliche Sicherheit sorgt die Kapazitätsreserve, die in dieser Arbeit nicht weiter betrachtet wird.

So werden u.a. die Regelleistungsmärkte weiterentwickelt[43], ebenfalls mit dem Ziel, die Stromversorgung zu flexibilisieren. Für Flexibilitätsoptionen aus dem Lastmanagement soll die Sekundärregelleistung entsprechend angepasst werden[44].

Das Ziel des § 14a EnWG, eine Flexibilisierung der Nachfrageseite zu erreichen, ist eins der Ziele des 2. Bausteins im Weißbuch[45]. Dieser hat die Entwicklung neuer Maßnahmen und Änderung bestehender Instrumente zum Zwecke einer flexiblen und effizienten Stromversorgung zum Gegenstand. § 14a EnWG stellt ein solches neues Instrument dar. Aus der

---

41 BMWi, Weißbuch.
42 BMWi, Weißbuch.
43 BMWi, Weißbuch, Maßnahme 6.
44 BMWi, Weißbuch, Maßnahme 10.
45 BMWi, Weißbuch, S. 54.

Darstellung der konkreten Maßnahmen, die auf dem Weg zum Strommarkt 2.0 umzusetzen gilt[46], wird die Verzahnung aller Instrumente deutlich. Die Maßnahmen bedingen sich teilweise, teilweise wird die Auswirkung der einen Maßnahme durch eine andere in einem anderen Bereich unterstützt. So wird als eine der Maßnahmen die Marktrolle des Aggregators definiert, um auch kleine Lasten durch Bündelung flexibilisieren zu können. Für das Tätigwerden eines Aggregators auf dem Markt sind auch weitere Maßnahmen, wie z.B. die Weiterentwicklung der Regelenergiemärkte, Anbindung des Netznutzungsentgelts an das netzdienliche Verhalten, aber auch die Bilanzkreisstärkung, Bestätigung der freien Preisbildung u.a. relevant. Der nachfolgend vorgestellte Vorschlag für die vertragliche Umsetzung des § 14a EnWG könnte als ein Beispiel für das Zusammenwirken der im Weißbuch genannten Maßnahmen und Instrumente dienen.

Das Strommarktgesetz setzt die wesentlichen Maßnahmen des Weißbuches um und ist bereits seit dem 23.06.2016 in Kraft[47]. Das Strommarktgesetz modifiziert die Ziele der Akteure der Energiewirtschaft in § 1 Abs. 1 EnWG. Es geht um eine möglichst sichere, preisgünstige, verbraucherfreundliche, effiziente und umweltverträgliche leitungsgebundene Versorgung der Allgemeinheit, die zunehmend auf erneuerbaren Energien beruhen soll. Für die Stromversorgung werden zusätzlich in § 1 Abs. 4 EnWG Ziele festgelegt. Die für die Umsetzung des § 14a EnWG relevanten Maßnahmen ergeben sich insbesondere aus § 1 Abs. 4 Nr. 2 EnWG, wonach Angebot und Nachfrage nach Elektrizität an den Strommärkten jederzeit ausgeglichen sein muss, sowie aus § 1 Abs. 4 Nr. 3 EnWG, der vorgibt, u.a. auch Stromspeicheranlagen und Lasten möglichst umweltverträglich, netzverträglich, effizient und flexibel in dem Umfang einzusetzen, der erforderlich ist, um die Sicherheit und Zuverlässigkeit des Elektrizitätsversorgungssystems zu gewährleisten. Flexibilität im neuen Stromversorgungssystem kann der Netzbetreiber aus dem Einspeisemanagement, aus Speichern oder aus steuerbaren Lasten gewinnen.

46 BMWi, Weißbuch, Kapitel 5, S. 59 ff.

47 Gesetz zur Weiterentwicklung des Strommarktes (Strommarktgesetz) vom 26.07.2016 (BGBl. I S. 1786).

Der Begriff der Flexibilität wird in dieser Arbeit nach der von der Bundesnetzagentur verbreiteten Definition verwendet. Danach ist die Flexibilität „eine Veränderung von Einspeisung oder Entnahme in Reaktion auf ein externes Signal (Preissignal oder Aktivierung), mit dem Ziel eine Dienstleistung im Energiesystem zu erbringen. Die Parameter, um Flexibilität zu charakterisieren beinhalten: die Höhe der Leistungsveränderung, die Dauer, die Veränderungsrate, die Reaktionszeit, der Ort etc.[48]“.

48 Die Definition wurde von der BNetzA so in das Arbeitspapier „Flexibilität im Stromversorgungssystem“ übernommen, S. 6; die Definition wurde von Eurelectic, 2014 formuliert.

Teil 3: Regelungsinhalt des § 14a EnWG

Für die marktgeeignete Einführung der prüfungsgegenständlichen Regelung werden die Voraussetzungen und Rechtsfolgen des § 14a EnWG herausgearbeitet, und aus dem so bestimmten Regelungsinhalt die in § 14a EnWG involvierten Marktrollen und das dazugehörige Umsetzungsmodell dargestellt.

A. Voraussetzungen

Bei der Ausarbeitung der Voraussetzungen des § 14a EnWG besteht die Schwierigkeit zum gegenwärtigen Zeitpunkt darin, dass das energiewirtschaftliche Umfeld, in dem § 14a EnWG zweckgerichtet umgesetzt werden soll, noch nicht bekannt, sogar in der Theorie noch nicht vollständig umrissen ist. Deshalb werden die Tatbestandsmerkmale stets unter Berücksichtigung der Entwicklungen in der Energiewirtschaft herausgearbeitet. Diese Zusammenhänge bedingen folgende Reihenfolge der Darstellung der Voraussetzungen mit entsprechenden Fragen:

1) Netzdienlichkeit: Welche Maßnahme in welchem Netzzustand ist als netzdienlich anzusehen?
2) Steuerbare Verbrauchseinrichtung: Welche Geräte gibt es bei den in der Niederspannung angeschlossenen Letztverbrauchern und wie können diese gesteuert werden?
3) Steuerung: Welche Steuerungsmaßnahmen sind von § 14a EnWG umfasst?
4) Adressaten: An wen ist die Regelung des § 14a EnWG gerichtet und wie können die Adressaten am effektivsten erreicht werden?
5) Kommunikative Einbindung der Verbrauchseinrichtungen und der betroffenen Marktrollen: Wie stellt sich die Marktkommunikation bei der Umsetzung des § 14a EnWG innerhalb des neuen rechtlichen Rahmens dar?
6) Vereinbarung: Wie stellen sich die Rechtsbeziehungen zwischen den Beteiligten dar?

I. *Netzdienlichkeit*

Was unter einer „netzdienlichen“ Steuerung zu verstehen ist, wird im Gesetz nicht definiert. Ursprünglich regelte der 2011 eingeführte § 14a EnWG die Unterbrechungsbefugnis des Netzbetreibers zum Zweck der Netzentlastung. Nunmehr wurde durch das Gesetz zur Digitalisierung der Energiewende[49] nicht nur die Maßnahme geändert, sondern auch ihr Zweck: § 14a EnWG regelt nicht nur Unterbrechung zum Zwecke der Netzentlastung[50], sondern eine „netzdienliche Steuerung“. „Netzdienlich“ ist offensichtlich nicht mit „netzentlastend“ gleichzusetzen.

Was genau unter einer netzdienlichen Maßnahme zu verstehen ist, wird nachfolgend anhand der möglichen Störungen im Netz und vor dem Hintergrund der Entwicklungen in der Energiewirtschaft untersucht.

1. *Netzzustand in der Niederspannung*

Die Stromlieferung[51] an eine Verbrauchseinrichtung, die im Sinne des § 14a EnWG gesteuert werden darf, muss im Bereich der Niederspannung stattfinden. Die Spannung im Niederspannungsnetz beträgt in Deutschland 400 V. An das Niederspannungsnetz sind überwiegend Haushalte sowie einzelne, eher kleinere Gewerbetreibende angeschlossen[52]. Grundsätzlich wurden die Verteilernetze früher nahezu für den gesamten Bedarf an Kapazitäten ausgebaut[53]. Die schon früher als unterbrechbare Verbrauchseinrichtungen bekannten Anlagen, wie z.B. die Nachtspeicherheizungen, wurden bei der Dimensionierung des Netzes mit verlagerten Lasten berücksichtigt. Die Beanspruchung des Netzes hat sich jedoch sowohl seitens der Einspeisung als auch seitens der Stromentnahme verändert. Zunehmend werden in der Niederspannung Stromerzeugungsanlagen angeschlossen. Dadurch haben sich die Anforderungen an die

---

49 Gesetz vom 29.08.2016 m.W.v. 2.09.2016 (BGBl. I S. 2034).

50 Wie zuvor in der Fassung vom 4.08.2011 (BGBl. I S. 1554).

51 *Nachfolgend werden „Stromlieferung“, „Energielieferung“ und „Lieferung“ synonym verwendet.*

52 Vgl. dena-Verteilnetzstudie, S. 266 f.

53 BNetzA, Flexibilität in der Stromversorgung, S. 13.

Verteilernetzbetreiber in den letzten Jahren gravierend verändert. Gerade an die Verteilernetze werden immer mehr kleine Anlagen zur Erzeugung erneuerbarer Energien angeschlossen[54]. Durch die wetterabhängige Einspeisung, die es früher kaum gab, schwankt auch die Residuallast. Ferner ist bei der Erzeugung des Stroms in den EE-Anlagen weniger zeitlicher Durchmischungseffekte zu verzeichnen. Alle Windenergieanlagen speisen bei gleichen Windverhältnissen sowie die Solarenergieanlagen an sonnigen Tagen zeitgleich ein. Dadurch ist ein hoher Gleichzeitigkeitsfaktor auf der Erzeugerseite unvermeidbar[55]. Auf der Verbraucherseite ist es eine Frage der Zeit, dass Elektrofahrzeuge in einem spürbaren Umfang in der Niederspannung Strom entnehmen, wodurch das Netz ebenfalls mehr genutzt wird als zuvor. Durch das Hinzukommen der Stromerzeugungsanlagen sowie neuer Verbrauchseinrichtungen, solcher wie z.B. Elektromobile, werden die Niederspannungsnetze mit Netzengpässen konfrontiert, die sie kurz- bis mittelfristig zu bewältigen haben.

Ein Netz ist sicher und zuverlässig, wenn seine Soll-Frequenz stabil bei 50 Herz liegt. Für die Frequenzhaltung müssen die Ein- und Ausspeisungen ausgeglichen sein. Dieses Verhältnis kann in ein Ungleichgewicht geraten, wenn entweder die Einspeisungen oder die Ausspeisungen überwiegen. Für eine bildliche Darstellung wird in der nachfolgenden Darstellung eine Waage herangezogen.

54 Dena-Verteilnetzstudie, S. 19.
55 BerlKommEnR/Säcker/Bösche, 4. Aufl., Bd. 1, § 14a EnWG Rn. 17.

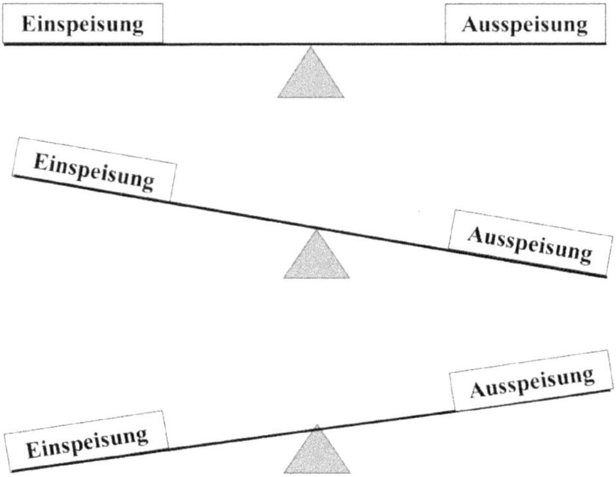

Abbildung 2: Netzzustand und Varianten des Ungleichgewichts

Die obere „Waage" in der Abbildung 2 zeigt den Soll-Zustand für eine stabile Frequenz. Die mittlere „Waage" zeigt ein Ungleichgewicht, weil aus dem Netz mehr Strom entnommen als eingespeist wird. In der letzten Skizze besteht das Ungleichgewicht, weil mehr eingespeist als entnommen wird.

Die Einspeisungen aus den Anlagen zur Erzeugung Erneuerbarer Energien können nicht wesentlich beeinflusst werden, lediglich beim Überwiegen der Einspeisungen (Variante 3, Abbildung 2) könnte eine Einspeisemanagementmaßnahme in Form der Spitzenkappung gemäß § 12 Abs. 3 EEG i.V.m. § 11 Abs. 2 EnWG ergriffen werden.

Bei zu geringen Einspeisungen (Variante 2, Abbildung 2) müssten die Ausspeisungen reduziert werden, dies kann durch Abschaltung einzelner Verbrauchseinrichtungen erfolgen.

Die nachfolgende tabellarische Abbildung fasst die Netzzustände und die möglichen Maßnahmen zusammen.

	Einspeisung	<	Ausspeisung	Wertung der Maßnahme
1. Möglichkeit	Einspeisung erhöhen			bei EE-Anlagen nicht möglich
2. Möglichkeit			Ausspeisung reduzieren	Abschalten von VA • durch Markt • durch NB (§ 14a EnWG)
	Einspeisung	>	**Ausspeisung**	
1. Möglichkeit	Einspeisung reduzieren			bei EE-Anlagen nicht möglich
2. Möglichkeit			Ausspeisung erhöhen	nur durch den Markt möglich

Abbildung 3: Steuerungsmaßnahmen in Abhängigkeit von der Netzauslastung

Die Steuerung einer Verbrauchseinrichtung durch den Netzbetreiber im Sinne des § 14a EnWG setzt voraus, dass der Netzbetreiber seine Netzauslastung kennt und diese messen oder gar prognostizieren kann. Die Marktteilnehmer geben zu bedenken, dass dies im Moment nicht der Fall ist[56]. Demnach liegen nur wenigen Netzbetreibern Messwerte zur aktuellen Netzauslastung vor. Dies soll sich mit dem Messstellenbetriebsgesetz ändern. § 2 Nr. 16 MsbG definiert nun die Netzzustandsdaten als Spannungs- und Stromwerte und Phasenwinkel sowie daraus errechenbare oder herleitbare Werte, die zur Ermittlung des Netzzustandes verwendet werden können. Die intelligenten Messsysteme müssen nach § 21 Abs. 1 Nr. 1d) MsbG in der Lage sein, die Netzzustandsdaten zu ermitteln, sie gemäß § 56 Abs. 1 Nr. 2 MsbG im Falle der Belieferung von steuerbaren Verbrauchseinrichtungen nach § 14a EnWG zu erheben. Deren zeitnahe Übermittlung ist von der Bundesnetzagentur gemäß § 47 Abs. 1 Nr. 2 MsbG festzulegen.

2. *Entwicklung des Begriffs „Netzdienlichkeit"*

Der Begriff der „Netzdienlichkeit" hat sich mit den Entwicklungen auf dem Strommarkt gewandelt. So war die Überlegung bei der Begünstigung von besonders stromintensiven Unternehmen mit einer Netzentgeltbefreiung nach § 19 Abs. 2 S. 2 StromNEV, dass ein voraussehbar gleichbleibender

---

56 bdew, Konkretisierung der Aggregationsebene, Positionspapier, 5.09.2013, S. 3; VKU, Stellungnahme zur Ausgestaltung des § 14a EnWG, S. 5.

Verbrauch die Netzinfrastruktur weniger belaste[57]. Dies gelte erst recht bei hoher Benutzungsstundenzahl. Dieses Verständnis kann angesichts der wachsenden volatilen Residuallast nicht aufrechterhalten werden. Denn während es früher galt, die Grundlastkraftwerke möglichst gleichmäßig auszulasten, müssen gegenwärtig das Netz und der Verbrauch auf die schwer planbare Erzeugung Erneuerbarer Energien reagieren. Dies können nur flexible Verbraucher. Somit hat sich das netzdienliche Verhalten im Sinne des § 19 Abs. 2 EnWG seit seiner Einführung 2005[58] gewandelt und kann nicht mit den gleichen Voraussetzungen auf die netzdienliche Steuerung i.S.d. § 14a EnWG übertragen werden[59].

Mit einem „netzdienlichen Einsatz von Betriebsmittel" beschäftigte sich die BMWi-Verteilnetzstudie[60] und definierte den Einsatz von Betriebsmittel dann als netzdienlich, wenn dadurch die Netzkapazität erhöht wird. Die Netzkapazität beschreibe die Leistung, welche in einem Netz maximal angeschlossen werden könne, ohne die geforderte Versorgungszuverlässigkeit zu gefährden[61]. Allerdings bedarf diese Definition einer Konkretisierung im Hinblick auf eine netzdienliche Steuerungshandlung im Sinne des § 14a S. 1 EnWG. Denn auf den ersten Blick kann die Netzkapazität durch Netzausbau bzw. Ortsnetztransformationenen[62] erhöht werden. Eine Erhöhung der Netzkapazität kann aber auch durch einen effizienten Einsatz der zur Verfügung stehenden Mittel erreicht werden. Insofern ist mit der Weiterentwicklung des Strommarkts eine Abwägung bei der Netzdienlichkeit einer Maßnahme angebracht: ist die Maßnahme zur Erhöhung der Netzkapazität geeignet, erforderlich und angemessen?

Der Gedanke der Verhältnismäßigkeit einer netzdienlichen Maßnahme findet sich auch im neuen EnWG. Die Grundsätze des mit dem Weißbuch[63]

57 BNetzA, Evaluierungsbericht zu den Auswirkungen des § 19 Abs. 2 StromNEV, S. 32 ff.

58 Erste Fassung der StromNEV vom 29.07.2005.

59 Vgl. BNetzA, Evaluierungsbericht zu den Auswirkungen des § 19 Abs. 2 StromNEV, S. 13 f.

60 Dena-Verteilnetzstudie, S. 134

61 A.a.O., Glossar, S. 134.

62 Verteilnetzstudie, S. 134.

63 BMWi, Weißbuch.

designten Strommarkts sind mit dem am 23.06.2016 in Kraft getretenen § 1a EnWG normiert. § 14a EnWG ist ein kleiner Teil der Maßnahmen zur Flexibilisierung der Nachfrage und stellt einen Ausschnitt des in § 1a Abs. 3 EnWG dargestellten Grundsatzes des Strommarktes 2.0 dar. Nach den nun gesetzlich geregelten Grundsätzen des Strommarkts soll nach § 1a Abs. 3 EnWG die Flexibilisierung des Angebots und der Nachfrage den Übergang zum neuen Strommarkt unter Aufrechterhaltung der Versorgungssicherheit ermöglichen. Der Einsatz der Lasten soll mit Erzeugungsanlagen und Stromspeichern konkurrieren mit dem Ziel, die Kosten der Energieversorgung zu verringern, „die Transformation zu einem umweltverträglichen, zuverlässigen und bezahlbaren Energieversorgungssystem“ zu ermöglichen und die Versorgungssicherheit zu gewährleisten. Das Ziel einer netzdienlichen Maßnahme ist immer die Aufrechterhaltung der Versorgungssicherheit. Unter Versorgungssicherheit wird die dauerhafte und nachhaltige Bedarfsdeckung verstanden[64], wobei sie alle Wertschöpfungsstufen umfasst. Kommt es speziell auf die Sicherheit des Transports an, so unterliegt das Netz dem gesetzlich geregelten Aufgabenbereich der Netzbetreiber.

Das Gesetz zur Digitalisierung der Energiewende verwendet den Begriff der Netzdienlichkeit in folgenden Zusammenhängen: „netzdienliche Informationen“, „netzdienliche Steuerung von Erzeugungsanlagen“, „netzdienlicher Lastmanagement“[65] und „netzdienliches Smartmetering“[66]. Anhand dieser Zusammenhänge wird deutlich, dass im neuen Strommarktdesign eine netzdienliche Maßnahme nur bei intelligenten Netzen möglich ist[67].

Die „Netzdienlichkeit“ der Steuerung im Sinne des § 14a EnWG ist somit vor dem Hintergrund der nun in § 1 und § 1a EnWG normierten Ziele zu verstehen. Netzdienlich ist die Steuerung einer Verbrauchseinrichtung im Sinne des § 14a EnWG dann, wenn sie im Vergleich zu anderen Maßnahmen besser dazu geeignet ist, den volatil erzeugten Strom auf die Nachfrage-Seite zu transportieren, und dabei die Sicherheit, Zuverlässigkeit und Preisgünstigkeit der Stromversorgung zu fördern.

---

64 BMWi, Monitoring-Bericht zur Versorgungssicherheit, Januar 2011, S. 3.

65 Vgl. Gesetzesentwurf, Entwurf eines Gesetzes zur Digitalisierung der Energiewende, Begründung, A.I.3.

66 A.a.O., zu § 2 Nr. 16.

67 Vgl. auch Busch, Demand Side Management, S. 312.

II. *Steuerbare Verbrauchseinrichtung*

Der Begriff der „steuerbaren Verbrauchseinrichtung“ wurde erstmalig mit dem Gesetz zur Digitalisierung der Energiewende[68] in den § 14a EnWG aufgenommen. Zwei Voraussetzungen, die sich aus dem Wortlaut ergeben, sind das Vorhandensein eines separaten Zählpunkts und die Steuerbarkeit. Zunächst werden die von Letztverbrauchern verwendeten Geräte näher betrachtet.

1. *Geeignete Verbrauchseinrichtungen*

Um die Art der steuerbaren Geräte beispielhaft nachzuvollziehen, kann das Gesetzgebungsverfahren der Ersteinführung des § 14a EnWG betrachtet werden. Ausgehend vom ursprünglichen Gesetzesentwurf der Bundesregierung schlug der Bundesrat in seiner Stellungnahme vor, als Beispiele für unterbrechbare Verbrauchseinrichtungen Haushaltsgeräte, Wärmepumpen, Klimaanlagen sowie Einrichtungen für die Speicherung von elektrischer Energie zu nennen[69]. Die Bundesregierung lehnte in ihrer Gegenäußerung die Aufzählung von Regelbeispielen innerhalb der Norm zwar ab[70]. Es blieb jedoch beim grundsätzlichen Verständnis, dass nunmehr auch Geräte von Endkunden, für die bislang keine gesonderten Standardlastprofile bekannt sind, von dem Begriff der „unterbrechbaren Verbrauchseinrichtungen“ im Sinne des § 14a EnWG a.F. erfasst sind.

Die separate Abschalt- und Messvorrichtung vorausgesetzt, kommen einige Geräte als eine unterbrechbare Verbrauchseinrichtung in Betracht: die bekannten elektrischen Heizungsanlagen, Wärmepumpen, Elektromobile, Kühlschränke, Waschmaschinen, Trockner etc.

Die jeweilige Abschaltung der Geräte muss ihre unterschiedlichen Nutzungsbesonderheiten berücksichtigen. Sinnvoll ist deshalb zunächst eine Unterteilung in speicherungsfähige und nicht speicherungsfähige Anlagen. Bei den speicherungsfähigen Anlagen könnte auf dem Weg der Einführung des Lastmanagements in der Niederspannung eine weitere Unterteilung

---

68 Gesetz zur Digitalisierung der Energiewende vom 29.08.2016, BGBl. vom 1.09.2016 S. 2034.

69 BT-Drucks. 17/6248 vom 22.06.2011, Anlage 3.

70 BT-Drucks. 17/6248 vom 22.06.2011, Anlage 4.

von Bedeutung sein. So können manche Geräte Strom direkt speichern, andere speichern andere Energiearten, wie z.B. Wärme oder Kälte. Die stromspeicherungsfähigen Geräte könnten auch Strom zu anderen Zeiten wieder zurück ins Netz einspeisen. Hierfür bietet der neue Wortlaut des § 14a EnWG nun erstmalig Raum.

Anhand dieser Differenzierung lassen sich drei Gerätegruppen bilden. Je nach dem, zu welcher Kategorie die fragliche steuerbare Verbrauchseinrichtung gehört, kann die Steuerung ihrer Belieferung nicht auf die gleiche Weise erfolgen wie es bei den Geräten aus einer anderen Kategorie der Fall ist.

a) Stromspeichernde Verbrauchseinrichtungen

In diese Gruppe gehören die Einrichtungen, die Strom speichern können, so wie die in § 14a Satz 2 EnWG ausdrücklich genannten Elektromobile. So wird bei der Abschaltung bzw. Belieferungsdrosselung einer stromspeicherungsfähigen Anlage, wie z.B. des Elektromobils, sonstiger Batterien der Ladevorgang gestreckt. Die Unterbrechung des Ladevorgangs kann grundsätzlich jederzeit erfolgen, muss sich jedoch unter Umständen den Bedürfnissen des Gerätenutzers anpassen. So muss ein Nutzer eines Elektroautos darauf vertrauen können, dass er sein Fahrzeug zu einer bestimmten Zeit, z.B. vor Antritt der Arbeitsfahrt, nutzen kann. In diesen Fällen kann eine konkrete Abstimmung mit dem Nutzer der Verbrauchseinrichtung über die Zeiten, die seinen Bedürfnissen gerecht werden, nicht umgangen werden.

b) Sonstige-Energie-speichernde-Verbrauchseinrichtungen

Zu den Verbrauchseinrichtungen, die andere Energieformen, wie z.B. Wärme oder Kälte speichern und sie zu den Zeiten ohne kontinuierliche Belieferung nach und nach abgeben, gehören z.B. Heiz- und Kühlgeräte. Bei der Wiedereinschaltung der Geräte ist wohl damit zu rechnen, dass der Energiebedarf in der Anfangsphase der Einschaltung etwas stärker ausfallen dürfte bis die Energiespeicher wieder gefüllt sind. Die Steuerung solcher steuerbarer Verbrauchseinrichtungen hat somit nicht zwangsläufig eine energiesparende Wirkung. Es handelt sich lediglich um eine Lastverlagerung.

Diese Anlagen können in der Regel gut auf der Grundlage der standardisierten Lastprofile beliefert werden. Solche existieren z.B. für die Belieferung von Heizwärmespeicher nach § 12 Absatz 2 Nr. 6 StromNZV, für Wärmepumpen gemäß § 12 Absatz 2 Nr. 5 StromNZV. Sie könnten grundsätzlich auch für größere (gewerblich genutzte Kühlhäuser) und kleinere Kühlanlagen (z.B. Haushaltskühlschränke) erstellt werden.

c) Nicht speicherungsfähige Elektrogeräte

Viele Haushaltsgeräte, wie z.B. Waschmaschinen, Trockner ect. benötigen zeitgleich mit ihrem Betrieb Strom. Bei der Bedienung dieser Geräte ist es für den Nutzer wichtig zu wissen, zu welchen Zeiten er sie nicht einschalten darf, wenn er keine Unterbrechung der Funktion wünscht. Über den Energiebezug dieser Geräte entscheidet in letzter Konsequenz der Gerätebesitzer selbst.

Der Verbrauch einzelner Haushaltsgeräte ist aus Netzsicht relativ gering. Deshalb stellt sich die Frage, ob eine Bündelung solcher Geräte möglich und sinnvoll ist. Eine Bündelung mehrerer Geräte in demselben Haushalt ist für eine Schaltung durch den Netzbetreiber kaum möglich. Denn die Abschaltung kann innerhalb einer Poolinggruppe nur gemeinsam erfolgen, parallel darf keine alternative Benutzung desselben Geräts an einer anderen Steckdose oder eines anderen Geräts, das demselben Zweck dient wie das Abgeschaltete, erfolgen. Eine solche Bündelung der Geräte mit einem mit der Erzeugung zeitgleichen Verbrauch ist ausgehend von der gegenwärtig üblichen Ausstattung der Haushalte nur schwer vorstellbar. Die Geräte der Letztverbraucher, die im Sinne des § 14a EnWG gesteuert werden sollen, müssen zunächst für die „Aufrüstung" mit einer fernsteuerbaren Schaltvorrichtung geeignet sein. Die Geräte müssten automatisiert angesteuert werden können und in der Lage sein, die Steuersignale zu erfassen und in Schaltbefehle umzusetzen[71]. Die entsprechenden Vorgaben würden den Herstellern der Haushaltsgeräte zugetragen werden müssen, denn bislang ist weder die Notwendigkeit noch die Akzeptanz solcher Geräte unter den potentiellen Letztverbrauchern vorhanden.

Bei der unterbrechbaren Belieferung solcher Geräte kann die Steuerung auf mehrere Weisen ausgestaltet werden. So könnte der Gerätenutzer die Zeiträume vorgeben, in denen keine Unterbrechung der Versorgung erfolgen darf. Ferner könnte der Netzbetreiber die Zeiträume vorgeben, in denen

71 Laskowski, Ein neues Marktdesign im Zeichen der Energiewende, et 2013, 82, 85.

die Versorgungsunterbrechung möglich ist. Außerdem könnten sich die Parteien darauf einigen, die Versorgung jederzeit nachdem sie eine gewisse Zeit im Voraus angekündigt wurde, unterbrechen bzw. drosseln zu können. Theoretisch wäre eine solche smarte Kommunikation möglich. Konkret bei Haushaltsgeräten dürfte jedoch der Anreiz, den Aufwand und die Kosten für die „smarte" Ausstattung einzelner Geräte aufzubringen, gering sein, da in diesem Endkundenbereich die variablen Tarife mit weniger Umsetzungsaufwand die gleiche Wirkung erzielen.

Bei den nichtspeicherungsfähigen Geräten muss der Kunde die Letztentscheidungskompetenz über das Ein-/Abschalten haben. Dies kann eher durch die Preissignale des Energiepreises erreicht werden. Würde man beide Instrumente anwenden, die dieselbe Wirkung erzielen, Preissignale und die Regulierung des Netzbereichs, würde die Gefahr der Überforderung entstehen. Das netzseitige Instrument des § 14a EnWG ist für solche Geräte nicht anzuwenden. Insofern eigenen sich diese nicht als Geräte, die dem Netzbetreiber netzdienlich zur Verfügung stehen können.

2. *Steuerbarkeit der Verbrauchseinrichtung*

Vor dem Inkrafttreten des Gesetzes zur Digitalisierung der Energiewende am 02.09.2016[72] lautete § 14a EnWG seit seiner Ersteinführung 2011 mit Wirkung zum 04.08.2011[73]: „Steuerung von unterbrechbaren Verbrauchseinrichtungen in Niederspannung". Die vollständige Unterbrechbarkeit der Anlagen wird nicht mehr vorausgesetzt. Dafür spricht der vollständige Verzicht auf die Bedingung „vollständig unterbrechbar" im Wortlaut der Norm. Vielmehr führt der Gesetzgeber einen neunen, gesetzlich noch unbekannten Begriff der „Steuerbarkeit" ein.

Unter einer „Steuerung" im Sinne des § 14a EnWG kann das Abschalten, Einschalten, Drosselung und Erhöhung der Energiezufuhr verstanden werden. Nachfolgend wird untersucht, welche Steuerungsmaßnahmen von der Regelung des § 14a EnWG umfasst sind und welche Verbrauchseinrichtungen somit in diesem Sinne als „steuerbar" zu betrachten sind.

72 BGBl. vom 1.09.2016, S. 2034 ff.
73 BT-Drucks. 17/6072, S. 73.

Den Anlass für die Änderung von „unterbrechbaren“ in „steuerbare“ Verbrauchseinrichtungen stellte das Gesetz zur Digitalisierung der Energiewende dar, das im Wesentlichen die Erstfassung des Messstellenbetriebsgesetzes umfasste. Erstmalig wurden darin die technischen Einsatzmöglichkeiten der Smart Meter für die Energiewirtschaft normiert. Dadurch ergeben sich auch für die Belieferung von ehemals „unterbrechbaren“ Verbrauchseinrichtungen neue Möglichkeiten, im Energiemarkt als sog. Prosumer aufzutreten. Die Abänderung des Begriffs in § 14a EnWG in „steuerbare Verbrauchseinrichtungen“ trägt der technischen Modernisierung im Smart-Meter-Bereich Rechnung[74].

a) Abschaltung und Drosselung der Energiezufuhr

Die Unterbrechung zum Zwecke der Netzentlastung nach § 14a EnWG a.F. verstand unter der Steuerungshandlung im Sinne des § 14a EnWG die Reduzierung der Stromabnahme bei fehlender Durchleitungskapazitäten[75].

Im Gegensatz zu dem aktuellen Begriff „steuerbare Verbrauchseinrichtungen“ sind die „unterbrechbaren Verbrauchseinrichtungen“ aus dem Wortlaut des § 12 Abs. 2 Nr. 5 StromNZV und aus dem nicht mehr geltenden § 7 BTOElt bekannt. Bei der Einführung des § 7 Absatz 4 BTOElt verstand der Gesetzgeber unter „unterbrechbaren Verbrauchseinrichtungen“ Anlagen zur Warmwasseraufbereitung, Kühlung und Klimatisierung[76], die sich ähnlich einer elektrischen Wärmepumpe beliefern lassen können. Vergleichbar ist das Verständnis einer unterbrechbaren Verbrauchseinrichtung im Sinne des § 12 Absatz 2 Nr. 5 StromNZV. Es handelt sich jeweils, wie auch bei Heizwärmespeicher nach § 12 Absatz 2 Nr. 6 StromNZV, um Verbrauchseinrichtungen, deren Verbrauchslastkurve atypisch ist und sich gut in Hoch- und Niedrigleistungszeiten einfügen lässt. Für die Belieferung dieser der Energiewirtschaft bekannten „unterbrechbaren Verbrauchseinrichtungen“ werden von Netzbetreibern gemäß § 12 StromNZV Standardlastprofile mit festen Zeitfenstern, in denen die Anlagen i.d.R. per Fernsteuerung abgeschaltet werden, festgelegt.

---

74 Vgl. auch GDEW, Gesetzesbegründung, S. 193 zu Art. 3, zu Ziff. 1 bis 6.

75 BR-Drucks. 343/11 vom 06.06.2011, Entwurf eines Gesetzes zur Neuregelung energiewirtschaftsrechtlicher Vorschriften, Seite 185.

76 Danner/Theobald/Weigt, BTOElt, § 7 BTOElt Rn. 7.

Der Begriff einer „steuerbaren Verbrauchseinrichtung“ i.S.d. § 14a EnWG ist dagegen weiter zu verstehen. Die Anlagen müssen sich nicht nur abschalten, sondern vielmehr steuern lassen, was einer differenzierten Einwirkung auf diese Verbrauchseinrichtungen bedarf.

b) Stellt die Belieferung nach SLP ebenfalls eine netzdienliche Steuerung i.S.d. § 14a EnWG dar?

Stellen die nach § 12 Abs. 2 Nr. 5 und Nr. 6 StromNZV belieferten unterbrechbaren Verbrauchseinrichtungen bzw. Heizwärmespeicher einen Teil der steuerbaren Verbrauchseinrichtungen im Sinne des § 14a EnWG dar oder schließt die Steuerbarkeit nach § 14a EnWG die Belieferung nach Standardlastprofilen für unterbrechbare Verbrauchseinrichtungen[77] und Heizwärmespeichern[78] aus? Grundsätzlich sorgen gut gestaltete und ggf. aktualisierbare SLP für eine sinnvolle Auslastung im Netz.

Bessere Argumente sprechen für die Annahme eines weiten Begriffs „Steuerung“, der auch eine Belieferung nach festgelegten Standardlastprofilen umfasst. Die Regelungen im Messstellenbetriebsgesetz machen deutlich, dass der Gesetzgeber die Belieferung nach SLP für unterbrechbare Verbrauchseinrichtungen und Heizwärmespeicher nicht aus dem Regelungsinhalt des § 14a EnWG entlassen wollte. So soll die Stromlieferung gemäß § 55 Abs. 1 Nr. 3 EnWG dann durch eine Zählerstandsgangmessung erfolgen, „sobald eine unterbrechbare Verbrauchseinrichtung nach § 14a EnWG mit einem intelligenten Messsystem ausgestattet ist“. Es kann als ein redaktionelles Versehen verstanden werden, dass § 55 Abs. 1 Nr. 3 MsbG nicht von „steuerbaren“ Verbrauchseinrichtungen spricht, da die Gesetzesentwürfe im selben Zeitraum konsultiert wurden und eine begriffliche Korrektur von „unterbrechbar“ auf „steuerbar“ im MsbG nicht umfassend erfolgt ist. Beim Hinzuziehen des Wortes „sobald“ in die Auslegung überzeugt jedoch mehr die Annahme eines weiten Begriffs in § 14a EnWG: sobald die Verbrauchseinrichtung mit einem intelligenten Messsystem ausgestaltet wird, wird es mit ZSG-Messung beliefert, davor handelt es sich immer noch um eine Verbrauchseinrichtung nach § 14a EnWG, sie wird jedoch, wie zuvor gehandhabt, nach SLP beliefert.

---

77 § 12 Abs. 2 Nr. 5 StromNZV.
78 § 12 Abs. 2 Nr. 6 StromNZV.

c) Wiedereinschaltung

Eine koordinierte Wiedereinschaltung ist für die Netzstabilität ebenso erforderlich. Denn die Steuerung steuerbarer Verbrauchseinrichtungen ist keine Vermeidung des Strombezugs, sondern eine zeitliche Verlagerung des Strombezugs, um zeitgleiche Lasten in kritischen Situationen zu vermeiden. Zwar kann zu einem anderen Zeitpunkt die Situation im Netz anders sein, die zeitgleiche Wiedereinschaltung aller zuvor abgeschalteten Lasten würde eine neue Lastspitze schaffen[79]. Insofern sollte die Wiedereinschaltung ebenso auf Anweisung des Netzbetreibers erfolgen, um die Netzstabilität beizubehalten.

Aus diesem Grund sind Regeln für das Wiedereinschalten der Geräte erforderlich. Diese werden dem Markt als einen Teil der Abschaltungs- bzw. Drosselungsmaßnahme mitgeteilt und, falls möglich, in die technischen Steuerungsvorrichtungen einprogrammiert. Das Wiedereinschalten ist jedoch keine selbständige Steuerungsmaßnahme im Sinne des § 14a EnWG, die vom Netzbetreiber abgefragt und ggf. von einem Dienstleister vermarktet werden kann.

d) Wiedereinspeisung

Unter einer Wiedereinspeisung wird in dieser Arbeit das Abgeben des Stroms aus einer Endkundenanlage zurück ins Netz verstanden. Hierfür sind stationäre Speicher und sonstige Batterien, z.B. Elektromobile geeignet.

Stationäre Speicher sind für einen Übergangszeitraum nach § 118 Abs. 6 EnWG von der Zahlung von Netznutzungsentgelten befreit. Bei einer Netzentgeltbefreiung für einen Übergangszeitraum macht eine Netzentgeltreduzierung aus einer Vereinbarung nach § 14a EnWG wenig Sinn. Analog wäre das gleiche Förderungsbedürfnis auf kleinere Speicheranlagen auf der Niederspannungsebene übertragbar. Lediglich die Zurückeinspeisung von Strom aus anderen Batterien, z.B. aus Elektromobilen, ist derart mit der Funktion von stationären Speicheranlagen vergleichbar, dass sie zum jetzigen Zeitpunkt noch außer Betracht bleiben darf.

Somit sind die stationären Speicher systematisch zumindest für den Übergangszeitraum von der netzdienlichen Steuerung im Sinne des § 14a EnWG nicht umfasst.

---

79 BerlKommEnR/Säcker/Bösche, 4. Aufl., Bd. 1, § 14a EnWG Rn. 18.

Eine Wiedereinspeisung ist somit nach dem jetzigen Verständnis keine Steuerungsmaßnahme im Sinne des § 14a EnWG, obwohl sie perspektivisch rein vom Wortlaut her nicht ausgeschlossen werden soll.

e) Zuschaltung von Lasten

Eine Zuschaltung der Last könnte z.B. zu wind- und/oder sonnenstarken Zeiten erforderlich werden, wenn aufgrund der Wetterbedingungen in den EE-Anlagen mehr Strom erzeugt wird als auf der Verbraucherseite zeitgleich entnommen werden kann[80]. Als unkritische Wunschvorstellung wird in diesem Zusammenhang oft die Aufnahme des überschüssigen Stroms in Speicher, Power-to-X-Anlagen, sonstige Batterien genannt. Der günstig erzeugte Strom könnte gespeichert werden, um ihn dann in Zeiten des höheren Bedarfs oder einer geringeren Erzeugungskapazität zu verbrauchen. Um die Realisierung dieser Möglichkeit zu prüfen, kommt es darauf an, wer solche Stromspeicher oder Batterien betreibt, um sie unter Beachtung der Entflechtungsvorschriften richtig in die Energiewirtschaft einzuordnen.

Der Betrieb von Speicher- und Power-to-Heat-Anlagen muss vom Netzbetrieb getrennt werden. Zwar wäre eine direkte Steuerung einer solchen, in dem fraglichen Netzstrang angeschlossenen Anlage durch den Netzbetreiber durchaus als netzdienlich anzusehen. Eine Power-to-X-Anlage bezieht Strom zu Börsen- oder börsenorientierten Preisen. Um die Diskriminierungsfreiheit der Betreiber der Speicher- und Power-to-X-Anlagen zu gewährleisten, muss jede Möglichkeit für Netzbetreiber, sich durch netzbezogene Maßnahmen einen Vorsprung auf dem Markt zu verschaffen, ausgeschlossen werden. Netzbetreiber kommen somit als Betreiber der Speicher und Power-to-X-Anlagen nicht in Betracht, sondern Akteure des Endkundenmarkts, z.B. Lieferanten oder Dritte.

Daraus folgt ein Problem für die Umsetzung: Der Speicher kann nur im Rahmen seiner (freigewordenen) Kapazitäten und nicht über die gerätespezifische Kapazitätsgrenze hinaus Energie aufnehmen. Befinden sich die Anlagen bei Netznutzern, so hat der Netzbetreiber keine Kenntnis über den Zustand der Anlage und kann keine Letztentscheidungskompetenz über das Zuschalten der Anlage zwecks Stromaufnahme bekommen. Die

---

80 Vgl. Abbildung 2, Variante 2.

Entscheidung des Letztverbrauchers über die Zuschaltung kann somit nur mit den Marktanreizen angestoßen werden. Das einfachste Instrument sind die variablen Tarife.

Aus marktwirtschaftlichen Gesichtspunkten orientieren sich die Speicherbetreiber an den Börsenpreisen und beziehen Strom dann, wenn er aufgrund der Wetterverhältnisse besonders günstig erzeugt wird. Würde der Netzbetreiber zu genau den gleichen Zeiten eine Zuschaltung der Lasten abfragen, die er dann mit einer Netzentgeltreduzierung belohnen würde, bestünde die Gefahr, dass er durch seine Vorgaben kein „Mehr" an zugeschalteten Lasten erreichen kann, da sie wegen des günstigen Strompreises bereits aufgrund einer Marktentscheidung zugeschaltet wurden. Das Verhalten des Speicherbetreibers würde dagegen doppelt belohnt werden, es kommt somit zu „Mitnahmeeffekten" und nicht zu einer gezielten Steuerung durch Anreize.

Eine weitere Ausgestaltung ist aus dem Regelenergiemarkt in Form von Auktionen bekannt. Dabei könnte die doppelte Vermarktung, wie dies im Falle von Preisanreizen der Fall wäre, im Präqualifikationsverfahren unterbunden werden. Da in diesem Abschnitt eine Zuschaltung auf der Niederspannungsebene diskutiert wird, erscheint eine Plattform für Auktionen für Kapazitäten allen Beteiligten als nicht zumutbar. Insbesondere würde sie außer Verhältnis zum enormen Aufwand, der mit dem Betrieb und der Pflege einer solchen Plattform zusammenhängen würde, stehen.

Zusammengefasst lässt sich über die Zuschaltung von Lasten innerhalb der Regelung des § 14a EnWG festhalten: Zuschaltbare Lasten dürfen wegen der Entflechtungsvorgaben nicht vom Netz betrieben werden. Der Markt orientiert sich aber bereits an den Börsenpreisen, die Netzentgeltreduzierung für das gleiche Verhalten kann keine weitere zuschaltbare Last gewinnen.

(1) *Umsetzung der Zuschaltung durch variable Tarife*

Das Angebot variabler Tarife mit dem Ziel, die Letztverbraucher zum Zuschalten bzw. Einschalten ihrer Geräte zu den Zeiten mit einer hohen Stromeinspeisung zu bewegen, kann bereits die gewünschte Wirkung im Netz erzielen. Zu diesen Zeiten ist der Strom besonders günstig. Der günstige Strompreis muss an den Letztverbraucher weitergegeben werden. Voraussetzung hierfür sind intelligente Messeinrichtungen, die den

Preis als entsprechendes Signal in den Endkundenmarkt übermitteln. Unter diesen Voraussetzungen, d.h. eine aktive Zuschaltung aus dem Markt auf der Grundlage des Strompreises, kommt die Teilnahme weiterer Haushaltsgeräte in Betracht, solcher, die keine Energie speichern, sondern von den Endkunden wegen des erhöhten Verbrauchs gerne zu den Zeiten mit dem günstigsten Strom eingeschaltet werden, z.B. Waschmaschinen, Trockner.

Solche Endkundengeräte, die lediglich für eine Zuschaltung geeignet wären, sollten im aktuellen Regelungssystem nicht als steuerbare Verbrauchseinrichtungen im Sinne des § 14a EnWG gelten, denn der Anreiz für ein an der Einspeisungssituation ausgerichtetes Verhalten kann tatsächlich lediglich anhand des Strompreises erfolgen. Reduziertes Netznutzungsentgelt würde in demselben Tarif die Anreizwirkung des Strompreises schwächen.

Die Ungewissheit, ob die benötigte Zuschaltmaßnahme tatsächlich erbracht wird, kann seitens des Netzbetreibers auch schwer mit einer geplanten Netzentgeltreduzierung bedacht werden. So kann außerhalb der Schaltbefugnis des Netzbetreibers stehende Zuschaltmaßnahme nicht der Einsparung der Kosten für den Netzausbau gegenübergesetzt werden. Insofern lässt sich die Pflicht zur Netzentgeltreduzierung nach § 14a EnWG schwer mit den variablen Tarifen der Lieferanten mit dem Ziel, Anreize für Zuschaltmaßnahmen zu schaffen, vereinbaren. Die Netzentgeltreduzierung kann nur gegen die Einräumung der Zuschaltbefugnis gewährt werden, was praktisch nur bei Power-to-X-Anlagen und Speichern umsetzbar wäre.

Es ist fraglich, ob das Förderziel, das Verbrauchsverhalten der Endkunden durch variable Tarife zu flexibilisieren, erreicht werden kann. So zeigen einzelne Studien im Endkundenbereich, dass Verbraucher zwar gerne Geld sparen möchten, bei der Tarifauswahl der Wunsch nach Einfachheit und Voraussehbarkeit den Spargedanken überwiegt[81]. So wird ein zumindest um 24h im Voraus planbarer Preis einem flexiblen Preis bevorzugt. Die kleinere Preisspanne wird einer größeren Preisspanne bevorzugt, was die Risikoaversität der Haushaltskunden noch einmal betont. Dieselbe Studie

81 Dütschke/Unterländer/Wietschel, Variable Stromtarife aus Kundensicht, S. 16, 20.

ergab, dass die Endkunden sich eher auf automatisierte Lastmanagementprozesse verlassen würden als selbst auf Preissignale reagieren zu müssen[82].

(2) *Verhältnis zwischen § 14a EnWG und § 40 Abs. 5 EnWG*

Mit dem neuen Strommarktdesign hat der Gesetzgeber gezeigt, dass er alle Flexibilisierungsinstrumente, darunter wohl auch § 14a EnWG und § 40 Abs. 5 EnWG nebeneinander in direktem Wettbewerb sieht. In dem § 1a Abs. 3 EnWG wird als einer der Grundsätze des Strommarktes aufgeführt, auf eine Flexibilisierung von Angebot und Nachfrage hinzuwirken. Dafür müssen die Instrumente – Erzeugung, Speicher, Lasten – gegeneinander in Verhältnis gesetzt werden, um das am besten geeignete, effektive und verhältnismäßige Mittel zu wählen, um eine möglichst sichere, preisgünstige, verbraucherfreundliche, effiziente und umweltverträgliche Energieversorgung im Sinne des § 1 Abs. 1b EnWG zu erreichen. Steuerung der steuerbaren Verbrauchseinrichtungen durch Netzbetreiber und das Angebot variabler Tarife durch Lieferanten müssen nebeneinander auf dem Markt bestehen. In der Niederspannung dürfte das Problem eher nicht so akut sein. Betrifft es die Belieferung einer Verbrauchseinrichtung, die für eine Steuerung durch Netzbetreiber geeignet wäre, so wird sich der Besitzer der Einrichtung beim Abschluss einer Vereinbarung nach § 14a EnWG entscheiden, ob er sein Verhalten nach dem Strompreis der Börse ausrichtet, oder eine Steuerungsbefugnis gegen eine Kostenreduzierung dem Netzbetreiber einräumt. Die Entscheidung wird auch von der Situation im Netz und von der Höhe der jeweiligen Netzkostenreduzierung abhängen. Eine mögliche Regelung gegeneinander der beiden Instrumente käme nur bei solchen Stromkunden in Betracht, die ihr Einkaufsverhalten tatsächlich optimieren und deren Verbrauchseinrichtung sich jedoch nicht für eine Steuerung durch Dritte eignet, weil der jeweilige Zustand des Endgeräts berücksichtigt werden muss. Solche Letztverbraucher dürfte es auf der Niederspannungsebene nur in einer geringen Anzahl geben.

Zusammenfassend können die Gruppen für steuerbare Verbrauchseinrichtung und ihre Steuerbarkeit in der nachfolgenden Tabelle dargestellt werden:

---

82 Dütschke/Unterländer/Wietschel, Variable Stromtarife aus Kundensicht, S. 16, 20.

	Geräte, die Strom speichern	Geräte, die andere Energiearten speichern	Nicht speicherungsfähige Geräte
Bsp.	Elektromobile, Batterien	Kühlanlagen, Heizanlagen	Waschmaschine Trockner
Geeignet für	Abschaltung, Drosselung, Zuschaltung	Abschaltung, Drosselung	Abschaltung
Zugriff durch	Verbraucher, Steuerungs-berechtigter	Verbraucher, Steuerungsberechtigter	Verbraucher, da Zustand und Einsatzbereitschaft des Geräts relevant
Anreiz durch	§ 40 V EnWG § 14a EnWG	§ 40 V EnWG § 14a EnWG	§ 40 V EnWG

Abbildung 4: Steuerbare Verbrauchseinrichtungen im Sinne des § 14a EnWG

3. Separater Zählpunkt

Die steuerbare Verbrauchseinrichtung muss nach § 14a S. 1 EnWG mit einem separaten Zählpunkt versehen sein. Dabei geht es weniger um die Ausführung der Steuerungshandlung am Endkundengerät, sondern um eine separate Verbrauchserfassung. Denn die monetären Anreize können ihre Wirkung nur dann entfalten, wenn sie gezielt an das gewünschte Verhalten an der gewünschten Verbrauchseinrichtung anknüpfen. Das Netzentgelt abzüglich der Netzentgeltreduzierung nach § 14a EnWG kann nur auf die verbrauchte Menge berechnet werden, weshalb der Verbrauch der steuerbaren Verbrauchseinrichtung auch separat erfasst werden muss. Das Prinzip der separaten Messung mit einem Zwei-Tarif-Zähler ist aus der Belieferung zu HT-/NT-Tarifen bekannt, auch wenn es von den Netzbetreibern gegenüber den Lieferanten nicht immer konsequent verlangt wurde, denn die Abschaltung zu den HT-Zeiten konnte in der Regel zuverlässig mit Rundsteuerempfängern vorgenommen werden. Für § 14a EnWG wird die Ausstattung der Verbrauchseinrichtung mit einem separaten Zähler nun gesetzlich vorgegeben.

Der separate Zählpunkt gehört nicht zwangsläufig zum intelligenten Messsystem im Sinne des MsbG. Denn § 55 Abs. 1 Nr. 3 MsbG verlangt eine Zählerstandsgangerfassung bei der Belieferung von Verbrauchseinrichtungen im Sinne des § 14a EnWG nur dann, wenn diese mit einem intelligenten

Messsystem ausgestattet sind. Das bedeutet im Umkehrschluss, dass die Stromlieferungen an die steuerbaren Verbrauchseinrichtungen sowohl nach den Standardlastprofilen als auch mit einer Zählerstandsgangerfassung möglich sind. Insofern fallen auch die gegenwärtig als unterbrechbare Verbrauchseinrichtungen belieferten Anlagen des Letztverbrauchers, die mit einem klassischen Zwei-Tarif-Zähler ausgestattet sind, ebenso unter den Begriff einer „steuerbaren Verbrauchseinrichtung“.

III. *Adressaten*

Der Gesetzgeber stellte § 14a EnWG bei seiner Einführung in den Zusammenhang mit den variablen Tarifen und den intelligenten Messeinrichtungen[83], verortete die Norm dennoch in den Teil 3, Abschnitt 1 des EnWG mit der amtlichen Überschrift „Aufgaben der Netzbetreiber“. Somit wurden in § 14a EnWG in einer seit der Liberalisierung des Energierechts und v.a. seit dem Umsetzen der Entflechtungsvorgaben untypischen Weise zwei Wertschöpfungsstufen – der Transport und der Vertrieb – angesprochen. § 14a EnWG greift in erster Linie in die Befugnisse der Verteilnetzbetreiber ein. Entsprechend der Gesetzesbegründung zur Einführung des § 14a EnWG, soll die Norm den Endkundenmarkt anreizen, damit die Verbraucher ihr Verhalten flexibilisieren[84]. Dies stellt die angestrebte Wirkung der Verpflichtung des Netzbetreibers aus § 14a EnWG dar.

In diesem Teil der Abhandlung werden die Adressaten mit ihren Aufgaben, ihrer Marktrolle und der durch § 14a EnWG tangierten Funktion vorgestellt. Auch wird die Grenze zwischen Regulierung und Markt noch einmal aufgezeigt.

1. § 14a EnWG zwischen Markt und Regulierung

§ 14a EnWG adressiert sowohl Netzbetreiber als auch Letztverbraucher bzw. Lieferanten. Um den Regelungsinhalt richtig innerhalb der Entflechtungsvorgaben zu verorten, wird die Norm nachfolgend zwischen dem regulierten Netzbereich und dem Endkundenmarkt betrachtet. Sofern ein Ziel durch die Marktaktivitäten erreicht werden kann, ist kein Platz für

---

83 BR-Drucks. 343/11 vom 6.6.2011.
84 BR-Drucks. 343/11 vom 6.6.2011.

regulatorische Eingriffe[85]. So umriss die Bundesnetzagentur bereits im Jahr 2011 in ihrem Eckpunktepapier „Smart Grid und Smart Market“ die Rahmenbedingung für die weitere Entwicklung des Strommarkts.

a) Anwendungsbereich des Regulierungsrechts

Grundsätzlich ordnet die Bundesnetzagentur alle Fragen rund um die Netzkapazität dem Netz und rund um die Energiemenden dem Markt zu. Bei einer Steuerung im Sinne des § 14a EnWG ist die Ursache für die Erforderlichkeit einer Steuerungsmaßnahme im Netz begründet: das Netz ist entweder durch das Überwiegen der Einspeisung oder durch das Überwiegen des Verbrauchs nicht im erforderlichen Gleichgewicht. Deshalb soll der Verbrauch der Energiemengen nach oben oder nach unten gesteuert werden. Allerdings handelt es sich um solche Energiemengen, für deren Einsatz im Netz die Marktseite schon zuvor ihr Einverständnis gegen eine Vergütung erteilte. Der Anreiz für die Marktseite liegt auf der Hand: der Letztverbraucher zahlt weniger, wenn er seinen Verbrauch entsprechend anpasst. Der Markt für steuerbare Lasten in der Niederspannungsebene wird durch § 14a EnWG offensichtlich angesprochen. Ob sich dieser Markt auch entsprechend entwickeln kann, hängt noch von weiteren Faktoren ab, die im Rahmen dieser Arbeit ebenfalls untersucht werden.

Das Netz stellt ein natürliches Monopol dar. Alle Produkte aus dem Markt, ehemals bestehend aus Stromlieferung, nun perspektivisch auch aus Flexibilitäten, müssen durch das Elektrizitätsnetz. Die Vorschriften, die das Verhalten des Netzes regulieren, gehen davon aus, dass Strommengen geliefert werden. Das Netz wird verpflichtet, allen Netznutzungspetenten zu diskriminierungsfreien Bedingungen Netzzugang nach § 20 EnWG zu gewähren. Bei dem gegenseitigen Verhältnis im Sinne des § 14a EnWG wäre die angebotene Leistung die Flexibilität, die nur im Netz erbracht werden kann. Der Abnehmer der Leistung „Flexibilität“ ist der Verteilnetzbetreiber. Für die Verteilnetzbetreiber ist die Inanspruchnahme der angebotenen Flexibilität mit Kosten und mit Implementierung eines neuen Verfahrens verbunden. Bei den meisten Verteilnetzbetreibern ist die Notwendigkeit von Flexibilitäten noch nicht evident geworden. Zum einen sind nur einzelne

85 BNetzA, Eckpunktepapier „Smart Grid“ und „Smart Market“, S. 5f.

wenige Netzstränge auf der Verteilnetzebene in Niederspannung so von den EE-Anlagen beansprucht, dass sie an ihre Kapazitätsgrenzen stoßen[86]. Zum anderen funktioniert der Einsatz der Ausgleichsenergie durch Übertragungsnetzbetreiber gewohnt und zuverlässig. Ohne einen regulatorischen Eingriff in die Befugnisse der Verteilnetzbetreiber, kann der Markt für Flexibilitäten aus der Steuerung von Verbrauchseinrichtungen im Sinne des § 14a EnWG nicht entstehen. Genauso wie dies bei der Liberalisierung des Energiemarkts der Fall war, wird das Netzt nun dazu verpflichtet, Flexibilitäten entgeltpflichtig anzunehmen. Der regulatorische Eingriff im Sinne des § 14a EnWG besteht in der unbedingten Verpflichtung der Verteilnetzbetreiber in der Niederspannung die ihnen angebotenen Flexibilitäten aus den steuerbaren Verbrauchseinrichtungen anzunehmen. Die Folge des Netzzugangs der Flexibilitäten, aber auch die Voraussetzung ist das aktive Anbieten der Flexibilitäten. Diese „Henne-Ei"-Fragestellung kann nur durchbrochen werden, wenn man innerhalb des Flexibilitätenmarkts prüft, dass ein solcher entstehen und wachsen kann, die möglicherweise aufgedeckten Hindernisse müssen zu diesem Zwecke bereinigt werden.

b) Kommunikation zwischen Markt und Netz

Die Interaktion zwischen dem Netz und dem Markt ist dann möglich, wenn die Kommunikationsstruktur einheitlich, zuverlässig und diskriminierungsfrei aufgebaut ist. So ist die Kommunikation in Fragen des Netzzugangs mit den als GPKE[87] und GeLi Gas[88] bekannten Festlegungen bestimmt. Das gesetzliche Ziel, den kurzfristigen Lieferantenwechsel zu ermöglichen, um den Wettbewerb auf der Seite des Stromhandels zu gewährleisten, wird mit den standardisierten Vorgaben zu Marktprozessen umgesetzt. Entsprechendes ist für die Kommunikation zwischen dem Verteilnetzbetreiber und den Anbietern von Flexibilitäten erforderlich. Die Bundesnetzagentur schlug erstmalig 2012[89] ein sog. „Ampelmodell" vor, das vom bdew in folgenden

---

86 Dena-Verteilnetzstudie, S. 40 f., 43f.

87 BNetzA, Beschluss über Festlegung zu den Geschäftsprozessen und Datenformaten, BK6-06-009 vom 11.07.2006.

88 BNetzA, Beschluss über Festlegung einheitlicher Geschäftsprozesse und Datenformate beim Wechsel des Lieferanten bei der Belieferung mit Gas.

89 BNetzA, Eckpunktepapier „Smart Grid" und „Smart Market", S. 5f.

Diskussionen zum Entwurf einer Lastmanagementverordnung fortgeführt wurde[90]. Das Ampelkonzept genießt im Energiemarkt trotz fehlender Ausgestaltung breite Zustimmung und wird in der aktuellen Diskussion mittlerweile als ein feststehendes Instrument verwendet.

Das Ampelmodell kann wie folgt dargestellt werden: Der Netzbetreiber muss den Zustand in seinem Netz mit drei Ampelphasen in den Markt kommunizieren: „grün" – keine Gefahr im Netz erkennbar; „gelb" – Gefahr voraussehbar; „rot" – unmittelbare Gefährdung für die Netzstabilität. In der „grünen" Phase ist nur der Markt tätig, dem Netzbetreiber obliegt der Netzausbau, in der „roten" der Netzbetreiber. In der „gelben" Phase ist ein intelligentes Zusammenwirken von Netz und Markt[91] erforderlich. § 14a EnWG ist wie folgt im Ampelkonzept zu verorten:

– *grüne Phase: keine Gefahr für die Versorgungssicherheit*

In dieser Phase können alle Marktakteure in Übereinstimmung mit ihren Rechten und Pflichten frei agieren. Ob es in dieser Phase eine netzdienliche Steuerung geben kann, hängt vom Begriff der „Netzdienlichkeit" einer Maßnahme ab und wird unten bei dem einschlägigen Gliederungspunkt zu diskutieren sein.

– *rote Phase: Unmittelbare Gefahr für Versorgungssicherheit*

In der roten Phase darf nur der Netzbetreiber schalten. Dies ist nur dann der Fall, wenn es sich um Notmaßnahmen handelt. Bereits nach § 13 Abs. 4, 2 i.V.m. § 14 Abs. 1 Satz 1 EnWG kann der Verteilnetzbetreiber die Netznutzung unterbrechen. Dabei sind die netzbezogenen Maßnahmen nach § 13 und § 14 EnWG vom Gesetzgeber als die zuletzt möglichen Maßnahmen, ultima ratio, konzipiert[92].

§ 14a EnWG ist keine Zwangsmaßnahme, weil die Parteien sich im Vorfeld über die Steuerung einig werden, und der Netzbetreiber sie dem Netznutzer in Form von Netzentgeltreduzierung vergütet. Erreicht der

---

90 BDEW-Roadmap, Realistische Schritte zur Umsetzung von Smart Grids, S. 15f.

91 BDEW-Roadmap, Realistische Schritte zur Umsetzung von Smart Grids, S. 15f.; BDEW-Diskussionspapier, Smart Grids Ampelkonzept, Ausgestaltung der gelben Phase, 10.03.2015.

92 Tödtmann/Kalvoda in Berliner Kommentar, Bd. 1, § 14 Rn. 25.

Netzzustand die rote Phase ist deshalb kein Raum mehr für eine Steuerung nach § 14a EnWG.

– *gelbe Phase: Gefahr für die Versorgungssicherheit absehbar*

§ 14a EnWG gewährt dem Netzbetreiber das Recht auf eine netzdienliche Steuerung noch bevor ein Netzzusammenbruch unmittelbar droht. Der Netzbetreiber wird berechtigt, Flexibilitäten in seinem Netzbereich zu schaffen, um den Netzbetrieb effizienter zu gestalten. Die Zielrichtung des § 14a EnWG ist, mit der planmäßigen Abschaltung einer unterbrechbaren Einrichtung Regelenergie zu gewinnen[93]. Durch die richtige Nutzung der Steuerungsmöglichkeiten bei der Belieferung einer unterbrechbaren Verbrauchseinrichtung sollte auf der Verteilnetzebene die Erzeugung, der Verbrauch und der Transport so optimal aufeinander abgestimmt werden, damit auch der Netzausbau wesentlich effektiver gestaltet werden kann[94].

Teilweise wird diesem Kommunikationssystem eine neue Marktrolle zugeordnet, die eines „Smart-Market“-Informationsnetzes[95] oder zuvor einer Datendrehscheibe[96]. Mit dem neuen Messstellenbetriebsgesetz sei das Messwesen endgültig vom Netz getrennt worden. Die Datenkommunikation gehöre nicht mehr zum Aufgabenbereich des Verteilnetzbetreibers. Nach dem in dieser Abhandlung gewonnenen Verständnis über eine „netzdienliche“ Lastensteuerung in der Niederspannung nach § 14a EnWG wird hier die Annahme zugrunde gelegt, dass die Kommunikation zwischen dem Netz und dem Flexibilitätenmarkt eine Frage des Informationsaustauschs auf Basis der EDV und der Datentypen ist, wofür keine gesonderte Marktrolle erforderlich ist. Es handelt sich um die Aufgabe des Verteilnetzbetreibers, seinen Bedarf an Flexibilitäten anhand der bei ihm vorhandenen Netzdaten anzumelden. Zwar hat sich die Rolle des Verteilnetzbetreibers innerhalb der Marktkommunikation verändert. Er hat nicht mehr die Datenhoheit. Allerdings obliegt ihm die Verantwortung über den Zustand in seinem Netz und er muss entsprechende Signale eigenständig

93 Erster Monitoringbericht des BMWi „Energie der Zukunft“, S. 48.
94 Monitoringbericht des BMWi, S. 53, 63.
95 Booz, Die Digitalisierung der Energiewirtschaft unter besonderer Berücksichtigung des Verhältnisses zwischen Netz- und Marktebene, N&R 2017, 130, 136.
96 BNetzA, Eckpunktepapier „Smart Grid“ und „Smart Market“, S. 44 – 45.

senden können. Es mag sein, dass hierfür aus technischer Sicht noch ein weiterer Kommunikationsschritt erforderlich sein wird. Eine Marktrolle kann ein Akteur in der Energiewirtschaft einnehmen, der durch das EnWG mit Rechten oder Pflichten ausgestattet ist. Bei der sog. Datendrehscheibe handelt es sich eher um eine Voraussetzung für den gesamten Markt, die vielmehr aus technischer Sicht zuverlässig funktionieren muss. Sie erfüllt bestimmte Funktionen, wie ansonsten auch die Software, kann jedoch keine eigenen Rechte ableiten. Funktioniert die Kommunikationsschnittstelle nicht, funktioniert ansonsten keine weitere Marktaktivität. Dies wäre bei sonstigen technischen Störungen ähnlich. Somit ist die Kommunikation zwischen dem Netz und dem Markt wie eine technische Bedingung, nicht wie eine eigenständige Marktrolle zu verstehen.

Die Arbeit verfolgt somit bei der Herausarbeitung eines Umsetzungsmodells folgende Fragestellungen:

- Regulierung: Wie muss der regulatorische Eingriff ausgestaltet sein?
- Markt: Kann unter bestehenden Rahmenbedingungen ein Flexibilitätenmarkt entstehen?

2. *Verteilernetzbetreiber in der Niederspannung*

§ 14a S. 1 EnWG verpflichtet Betreiber von Elektrizitätsverteilnetzen weniger Netzentgelt zu berechnen, wenn mit ihnen im Gegenzug die netzdienliche Steuerung von steuerbaren Verbrauchseinrichtungen vereinbart wird. Es soll den Netzbetreibern somit zur Erfüllung ihrer Aufgaben ein Instrument zur Verfügung gestellt werden, das einen „Durchgriff" auf die Verbraucherseite bedeutet und das sie vergüten müssen.

a) *Einordnung der Verpflichtung aus § 14a EnWG in die Netzbetreiberpflichten gemäß den §§ 11 ff. EnWG*

Nach § 11 Abs. 1 EnWG muss das Netz sicher, zuverlässig, und leistungsfähig sein. Der Netzbetreiber muss sein Netz in diesem Sinne warten, bedarfsgerecht optimieren, verstärken und ausbauen, soweit es wirtschaftlich zumutbar ist, § 11 Abs. 1 EnWG. Den Verteilnetzbetreiber treffen nach § 14 EnWG im Rahmen seiner Verteilungspflichten entsprechende Pflichten wie den Übertragungsnetzbetreiber aus den §§ 12 und 13 EnWG. Die Spannungshaltung im eigenen Netzgebiet wäre beim Ausgleich der volatilen

Erzeugung durch den Verteilnetzbetreiber eine mit dem Übertragungsnetzbetreiber vergleichbare Aufgabe, auf die § 13 EnWG entsprechend anwendbar wäre[97].

Nach § 14 Abs. 2 EnWG müssen Netzbetreiber vor Planung der Netzausbaumaßnahmen zunächst Energieeffizienz- und Nachfragesteuerungsmaßnahmen berücksichtigen. Die Vorschrift geht auf die EU-Vorgabe des Art. 25 Abs. 7 RL 2009/72/EG im Dritten Energiebinnenmarktpaket zurück[98]. Darunter wird in Art. 2 Nr. 29 RL 2009/72/EG „ein globales oder integriertes Konzept zur Steuerung der Höhe und des Zeitpunkts des Elektrizitätsverbrauchs, das (...) Spitzenlasten verringern soll, indem (...) Maßnahmen wie unterbrechbaren Lieferverträgen Vorrang vor Investitionen zur Steigerung der Erzeugungskapazität eingeräumt wird, wenn sie (...) die wirksamste und wirtschaftlichste Option darstellen". Die Kalkulation der Kosten eines Netzausbaubedarfs, die bei Netzbetreibern zur Bewältigung der Herausforderungen bei der Aufnahme des volatil erzeugten Stroms entstehen, und ihr direkter Vergleich mit möglichen Nachfragesteuerungsmaßnahmen ist als eine eigene Pflicht der Verteilnetzbetreiber anzusehen, die außerhalb der Systemsicherheitsmaßnahmen besteht. Für eine solche Kalkulation benötigt der Netzbetreiber sehr gute Kenntnisse über sein Netz und muss für Nachfragesteuerungsmaßnahmen mit erforderlichen Messvorrichtungen, kommunikativen Einbindung und Software ausgestattet sein.

Die eigentliche Steuerung nach § 14a EnWG stellt für den Verteilnetzbetreiber in der Niederspannung eine marktbezogene Systemsicherheitsmaßnahme dar. Für die Systemsicherheitsmaßnahmen im Sinne des § 13 EnWG sieht der Gesetzgeber eine Rangfolge vor, nach der der Netzbetreiber die nach dem Verhältnismäßigkeitsprinzip[99] mit der steigenden Gefährdung oder Störung der Sicherheit oder Zuverlässigkeit des Energieversorgungssystems zunächst intern wirkenden netzbezogenen Maßnahmen im Sinne des § 13 Abs. 1 Nr. 1 EnWG ergreifen soll, bevor er zu den mit Kosten für Netznutzer verbundenen, marktbezogenen Maßnahmen im Sinne des § 13 Abs. 1 Nr. 2 EnWG übergeht. Die Steuerung von Verbrauchseinrichtungen im Sinne des § 14a EnWG sowie die Abschaltung von unterbrechbaren

97 BT-Drs. 15/3917 vom 14.10.2004, S. 57.
98 Danner/Theobald/Theobald, EnWG, § 14 Rn. 36.
99 Vgl. in Britz/Hellermann/Hermes /Sötebier, EnWG, § 13 Rn. 22.

Verbrauchseinrichtungen nach § 14a EnWG a.F. sind nur unter Mitwirkung der Letztverbraucher möglich und werden ihnen vergütet. Es handelt sich um die 2. Stufe der Systemverantwortungsmaßnahmen, um marktbezogene Maßnahmen des Netzbetreibers im Sinne des § 13 Abs. 1 Nr. 2 EnWG[100]. Als marktbezogene Maßnahmen gelten in den Regelzonen sowohl abschaltbare als auch zuschaltbare Lasten, sowohl „negative“ als auch „positive“ Regelenergie[101]. Übertragen auf marktbezogene Maßnahmen eines Verteilnetzbetreibers im Sinne der §§ 14 Abs. 1, 13 Abs. 1 Nr. 2 EnWG müsste die Steuerung von Verbrauchseinrichtungen im Sinne des § 14a EnWG auch eine Zuschaltung von Verbrauchskapazitäten umfassen. Bei der entsprechend vorhandenen Ausstattung, z.B. an Transformatoren, könnte der Netzbetreiber vor einer Steuerung nach § 14a EnWG zunächst eine netzbezogene Regelung in Betracht ziehen. Allerdings muss das Rangverhältnis im Hinblick auf § 14a EnWG als eine marktbezogene Maßnahme etwas in den Hintergrund treten. Denn der Netzbetreiber bekommt auf der Grundlage einer Steuerungsvereinbarung nach § 14a EnWG die Schaltbefugnis, die er fortwährend vergüten muss, unabhängig davon, ob er die ihm vertraglich zugesicherten Lasten abruft oder nicht. Vor Abschluss der Vereinbarung kann er nicht auf die Günstigkeit der netzbezogenen Maßnahmen verweisen, da § 14a EnWG ihn zum Vertragsschluss verpflichtet. Hat er bereits die ihm vertraglich eingeräumten Steuerungsbefugnisse, so muss er sie nahezu gleichrangig mit den netzdienlichen Maßnahmen in Betracht ziehen, denn die Kostenbewertung ist aus den dargestellten Gründen anders. Die Entscheidung, ob das Netz mit Transformatoren ausgestattet wird ist eher im Rahmen des § 14 Abs. 2 EnWG zu treffen und ist den Systemsicherheitsmaßnahmen vorgelagert. § 14a EnWG stellt eine eigene Grundlage für eine marktbezogene Maßnahme ausschließlich für Verteilnetzbetreiber in der Niederspannung dar, die neben den § 13 Abs. 4a EnWG (für große Verbrauchsanlagen) und § 13 Abs. 1 Satz 1 Nr. 2 EnWG (für sonstige Verbrauchsanlagen) besteht[102].

---

100 Vgl. Britz/Hellermann/Hermes /Sötebier, EnWG, § 13 Rn. 83 f., § 14a Rn. 12.

101 Vgl. Britz/Hellermann/Hermes /Sötebier, EnWG, § 13 Rn. 87.

102 So auch OLG Düsseldorf VI-3 Kart 312/12 (V) vom 28.04.2015, Tz. 130; OLG Düsseldorf VI-3 Kart 357/12 (V) vom 28.04.2015, Tz. 110.

b) Einschränkung auf die Niederspannungsebene

Die Verteilernetze umfassen die Nieder- aber auch die Mittelspannungsebene. Es lässt sich anhand der Gesetzesmaterialien nicht nachvollziehen, warum die Einschränkung des Adressatenkreises auf die Niederspannungsebene in den § 14a EnWG aufgenommen wurde. Freilich war die primäre Zielrichtung, das Verhalten der großen Gruppe der Haushaltskunden zu flexibilisieren und das Instrument der dem Netzbetreiber vertraglich eingeräumten Steuerungsbefugnis zu testen. Die Entwicklungen im Bereich der Smart Meter machen § 14a EnWG nun für die praktische Umsetzung zwar möglich, die damit einhergehenden Kosten würden jedoch erst bei den in der Mittelspannung angeschlossenen Kunden die gewünschte Anreizwirkung erzielen. Ein Überdenken der Anschlussebene der nach § 14a EnWG steuerbaren Verbrauchseinrichtungen ist ratsam. So ist die Lücke zwischen § 14a EnWG und den nach der Verordnung über abschaltbare Lasten steuerbaren Lasten nicht zu erklären[103].

c) Keine Steuerung in den geschlossenen Verteilernetzen

Nach § 110 Abs. 1 EnWG ist § 14a EnWG bei dem Betrieb geschlossener Verteilernetze nicht anwendbar. Dies ist sachgerecht, da eine der Voraussetzungen für die Einstufung als ein geschlossenes Verteilernetz eine technische oder eine sicherheitstechnische Verknüpfung der Anschlussnutzer nach § 110 Abs. 2 Nr. 1 EnWG ist. Eine unbedingte Verpflichtung an Netzbetreiber, Steuerungsvereinbarungen gegen Netzentgeltreduzierungen anzuschließen, wie es § 14a EnWG vorsieht, ist in einem geschlossenen Verteilernetz gerade aus technischen oder sicherheitstechnischen Gründen in der Regel nicht umsetzbar.

3. Letztverbraucher

Letztverbraucher sind nach § 3 Nr. 25 EnWG natürliche oder juristische Personen, die Energie für den eigenen Verbrauch kaufen sowie Ladepunkte für Elektromobile.

Ein Letztverbraucher ist von der Regelung des § 14a EnWG unterschiedlich betroffen, je nachdem welche Marktrollen er auf dem Strommarkt im

---

103 So auch Missling in Danner/Theobald, § 14a EnWG Rn. 10.

Übrigen wahrnimmt. Einen eigenen Anspruch auf Berechnung reduzierten Netzentgelts aus § 14a EnWG kann er nur dann erheben, wenn er einen eigenen Vertrag mit dem Verteilnetzbetreiber abschließt. Im Übrigen ist er über seinen Lieferanten in den Regelungsinhalt des § 14a EnWG einbezogen, wobei der Letztverbraucher im Besitz der steuerbaren Verbrauchseinrichtung ist und nur selbst eine Steuerungsbefugnis erteilen kann.

§ 14a EnWG schränkt den Anwendungsbereich nicht auf den Anschlussnehmer im Sinne des § 1 Abs. 2 NAV ein. Der Letztverbraucher in der Niederspannung ist gleichzeitig auch derjenige, der den Anschluss an das Niederspannungsnetz zur Stromentnahme nutzt, somit der Anschlussnutzer im Sinne des § 1 Abs. 3 NAV ist. Er muss somit nicht unbedingt der Anschlussnehmer im Sinne des § 1 Abs. 2 NAV sein. Jeder Mieter könnte für die Belieferung seiner eigenen steuerbaren Verbrauchseinrichtung neben dem entsprechenden Stromliefervertrag auch eine Steuerungsbefugnis im Sinne des § 14a EnWG erteilen. Die Ausstattung der Verbrauchseinrichtung mit einer intelligenten Messeinrichtung richtet sich nach dem Messstellenbetriebsgesetz. Für den Besitzer einer steuerbaren Verbrauchseinrichtung bedeutet dies, dass er die Kosten für die intelligente Messeinrichtung bis zur Obergrenze selbst trägt. Dies gilt auch nach 2021, wenn der Vermieter das vorrangige Recht bekommt, den Messstellenbetreiber auszuwählen, sofern an der Liegenschaft noch ein Zähler einer weiteren Sparte gebündelt wird. Diese Möglichkeit wird wahrscheinlich bei den steuerbaren Verbrauchseinrichtungen häufig anzutreffen sein, da es sich oft um Speicher für andere Energiearten handeln dürfte[104].

a) Letztverbraucher mit einem eigenen Netznutzungsvertrag

Ein Letztverbraucher kann dann aus § 14a EnWG eigene Ansprüche auf Berechnung reduzierten Netzentgelts ableiten, wenn er mit dem Netzbetreiber einen eigenen Netznutzungsvertrag abschließt.

Die Vertragsverhältnisse lassen sich vereinfacht wie in der nachfolgenden Abbildung skizziert darstellen:

104 Vgl. Ausführungen oben zu steuerbaren Verbrauchseinrichtungen.

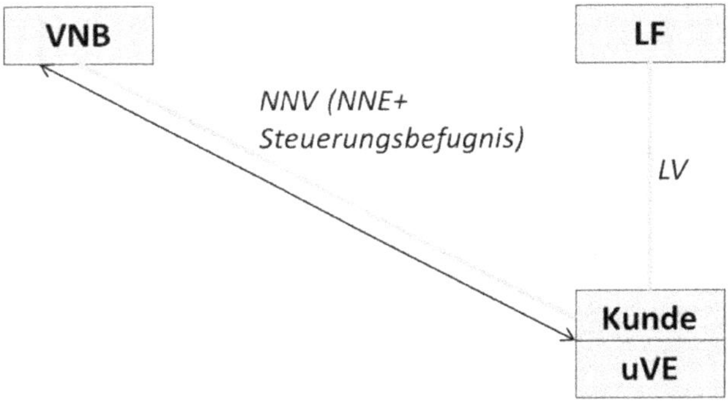

Abbildung 5: Vertragsverhältnisse bei separater Netznutzung durch den Letztverbraucher

b) Letztverbraucher mit einem integrierten Stromliefervertrag

In der Regel handelt es sich bei einem Letztverbraucher in der Niederspannung um einen gewöhnlichen Haushaltskunden, der den Strom aus seiner Perspektive „vom Stromlieferanten bekommt". Der Letztverbraucher wird „all-inklusive" beliefert. Der Lieferant liefert Strom an den Endkunden an dessen Anschlusspunkt. Er schließt mit dem Netzbetreiber einen Lieferantenrahmenvertrag ab, der ihn zur Netznutzung berechtigt. Gegenüber dem Endkunden stellt sich der Netzbetreiber als Erfüllungsgehilfe des Lieferanten für die Transportleistung dar[105]. Bei Leistungsstörungen im Netz kann sich der Lieferant nach § 6 Abs. 3 Satz 1 StromGVV i.V.m. § 310 BGB von seiner Leistungspflicht befreien. Ein solcher integrierter Vertrag beinhaltet ferner noch die Messdienstleistung. Ein die Messdienstleistung umfassender Endkundenvertrag wird im neuen Messstellenbetriebsgesetz als ein kombinierter Vertrag bezeichnet[106]. Kombinierte Verträge dürfen nach § 9 Abs. 2 MsbG auch noch nach dem Inkrafttreten des Messstellenbetriebsgesetztes[107] beibehalten werden.

Es ist denkbar, dass auch bei einer All-inklusive-Belieferung die Schaltvereinbarung trotzdem mit dem Netzbetreiber abgeschlossen werden kann.

105 so Schneider/Theobald/de Wyl, Recht der Energiewirtschaft, § 11 Rn. 66.
106 § 9 Abs. 2 MsbG.
107 Das MsbG ist am 02.09.2016 in Kraft getreten.

Dies dürfte jedoch eher einen Ausnahmefall darstellen und ist nicht für eine standardisierte Abwicklung geeignet. Der Wortlaut des § 14a EnWG könnte dieser Vorgehensweise entgegen gehalten werden, da Letztverbraucher mit eigenen Netznutzungsverträgen als Vertragspartner des Netzbetreibers bei einer Steuerungsvereinbarung genannt werden. Dies ist jedoch mehr als ein Heranrücken der Letztverbraucher in die aktive Rolle eines Marktteilnehmers zu verstehen als ein Ausschluss aus dem Anwendungsbereich mangels eigenen Netznutzungsvertrages. Denn der Regelungsinhalt und die Auswirkungen des § 14a EnWG ändern sich dadurch nicht. Die Entflechtungsvorgaben bleiben ebenfalls gewahrt.

Das Trennen der Rechtsbeziehungen Lieferantenrahmenvertrag, Liefervertrag und Steuerungsvereinbarung ist vor dem Hintergrund der Implementierung der neuen Marktrolle des Aggregators auch erforderlich. Denn ein Aggregator muss nicht zwangsläufig für den Letztverbraucher den Netznutzungsvertrag übernehmen. Den Aggregator von vornerein zur Erbringung der Marktkommunikation mit dem Netzbetreiber im Rahmen des Netznutzungsverhältnisses zu verpflichten, wäre eine zu hohe Hürde für die Einführung der neuen Marktrolle. Dennoch kann diese Leistung von einem entsprechend erfahrenen Aggregator einem Letztverbraucher in der Niederspannung angeboten werden.

4. *Lieferant*

Als Stromlieferant[108] kommt jeder in Betracht, der seine Tätigkeit nach § 5 EnWG bei der Regulierungsbehörde angezeigt hat und seine Zuverlässigkeit und Eignung jederzeit nachweisen könnte. Der Lieferant selbst besitzt keine steuerbaren Verbrauchseinrichtungen, er beliefert Letztverbraucher, die eine solche Anlage[109] nutzen. Für die Abwicklung von Stromlieferungen schließt ein Lieferant einen Lieferantenrahmenvertrag mit dem Netzbetreiber gemäß § 20 Abs. 1, 1a Satz 2 EnWG ab. Er selbst oder ein von ihm beauftragter Bilanzkreisverantwortlicher schließt ferner einen Bilanzkreisvertrag im

108 Hier auch Lieferant genannt.

109 Verbrauchseinrichtungen der Letztverbraucher werden in dieser Arbeit ebenfalls als Anlagen bezeichnet. Die Anlagen der Erzeuger werden jeweils entsprechend gekennzeichnet.

Sinne des § 26 StromNZV mit dem Übertragungsnetzbetreiber ab, der nach § 3 Abs. 2 StromNZV als Voraussetzung für die Netznutzung gilt.

In der folgenden Abbildung werden die Vertragsverhältnisse skizziert.

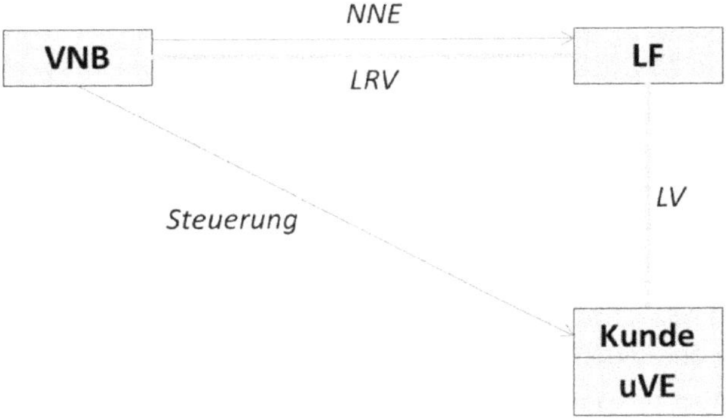

Abbildung 6: Vertragsverhältnisse bei einer All-inklusive-Belieferung des Letztverbrauchers

Der Lieferant würde den Vorteil aus dem reduzierten Netznutzungsentgelt freilich nur für die Belieferung einer steuerbaren Verbrauchseinrichtung bekommen. Um Letztverbraucher mit geeigneten Verbrauchsanlagen anzusprechen, muss er ihnen auf sie zugeschnittene Tarife anbieten.

Nach § 40 Abs. 5 EnWG werden Lieferanten ausdrücklich verpflichtet, variable Tarife anzubieten, darunter auch die lastvariablen Tarife. Ein Energielieferant bietet einen lastvariablen Tarif so an, dass die Belieferung in den vom Netzbetreiber vorgegebenen Zeitfenstern für den Letztverbraucher günstiger ist. Möglich wären weitere Angebote variabler Tarife, die in der Praxis jedoch nicht sehr verbreitet sind. Mit dem Angebot der sog. Schwachlasttarife mit festgelegten HT-/NT-Zeiten erfüllen die Lieferanten ihre Pflicht aus § 40 Abs. 5 EnWG. Allerdings widersprechen starre Fenster dem Bestreben nach Flexibilität auf der Verbraucherseite[110].

Beliefert ein Stromlieferant eine steuerbare Verbrauchseinrichtung, die mit intelligenten Messeinrichtungen zur Zählerstandserfassung ausgestattet

110 Dazu ausführlich unter Teil 2, B. II.

ist, so würde er ein Produkt kalkulieren müssen, das mit den Dienstleistungen eines Aggregators konkurrieren kann.

5. Neue Anreize für den Markt

Weitere Marktteilnehmer können ebenfalls Rechte aus § 14a EnWG ableiten. Davon zeugt die in § 14a EnWG angelegte Ermächtigungsgrundlage für den Erlass einer Verordnung, in der die bereits in § 14a EnWG geregelten Pflichten detailliert ausgestaltet werden sollen. Darunter auch die Steuerungshandlung, die nicht nur vom Netzbetreiber, sondern auch von einem Dritten nach den in der Verordnung noch festzulegenden Rahmenbedingungen, auszuführen ist. Als steuernder Dritter kann ausdrücklich ein Lieferant auftreten. Möglich wäre jedoch auch eine neue Rolle, z.B. die eines Aggregators wie mit der Energieeffizienzrichtlinie aufgegeben[111]. Somit wird im Zusammenhang mit den konkreten Steuerungsmaßnahmen noch zu klären sein, wer als solcher steuernder Dritter auftreten darf und wie seine Aufgaben zu regeln sind.

a) Neue Marktrollen

Gegenwärtig ist § 14a EnWG in der Entfaltung ihrer Anreizwirkung so zu verstehen, dass der Letztverbraucher die Netzentgeltreduzierung gegen Abschluss einer Steuerungsvereinbarung verlangen sollte. Auf der Niederspannungsebene gibt es nicht so viele Anschlussnutzer, die sich daraus ergebende Kostenersparnisse selbst berechnen können. Der Anreiz kann, wie ursprünglich in der Gesetzesbegründung zu § 14a EnWG angedeutet, über die von den Lieferanten angebotenen variablen Tarife erfolgen[112]. Doch haben die Lieferanten keine Anreize, Tarife, die § 14a EnWG abbilden, anzubieten. Die Initiative wird auch nicht durch Netzbetreiber in den Markt hineingetragen. Aktuell wird von den Netzbetreibern kein Bedarf an Flexibilitäten gegen eine Netznutzungsentgeltreduzierung gemeldet.

Die Aufgabe, geeignete Verbrauchseinrichtungen zu lokalisieren, die Vorteile durch das Führen von Flexibilitäten gemäß § 14a EnWG zu kalkulieren und Steuerungsvereinbarungen zu vermitteln, muss einer eigenen

---

111 Art. 2 Nr. 45 der RL 2012/27/EU.

112 BR-Drucks. 343/11 vom 06.06.2011.

Marktrolle zufallen. Diese Dienstleister werden bereits seit der EU-Effizienzrichtlinie[113] als Aggregatoren bezeichnet. Die Aggregatoren müssen in die Lage versetzt werden, Einnahmen aus dem Handel mit den Flexibilitäten erzielen zu können. Nur so kann sich diese neue Marktrolle auf dem Markt als handlungsfähig erweisen.

b) Vermarktung der Flexibilitäten

Wird eine steuerbare Verbrauchseinrichtung zum Zwecke der Steuerung nach § 14a EnWG ausgestattet, so ist sie bereits in das Kommunikationssystem der Marktteilnehmer eingebunden und mit entsprechenden Steuerungsvorrichtungen versehen. Die Steuerungsmaßnahme i.S.d. § 14a EnWG ist die Abschaltung der Verbrauchseinrichtung oder Reduzierung ihrer Stromaufnahme. Diese Maßnahme ist in ihrer Wirkung mit der Erbringung der negativen Regelenergie durch den Übertragungsnetzbetreiber vergleichbar. Allerdings sind die Anforderungen an die Regelenergieerbringer sehr hoch und von den meisten steuerbaren Verbrauchseinrichtungen in der Niederspannung nicht zu erfüllen. Bündelt ein Aggregator mehrere Flexibilitäten, so könnte er die Regelenergie aus steuerbaren Verbrauchseinrichtungen vermarkten. Es kommt also darauf an, wie der Aggregator die von ihm identifizierten Flexibilitäten so effizient vermarktet, dass er attraktive Angebote für seine Dienstleistung kalkulieren kann. Für eine solche Vermarktung ist ein Management erforderlich, das auf der Einbindung in die Datenkommunikation und einem diskriminierungsfreien Zugang zu den Märkten beruht. Unter dem Oberbegriff „Demand-Side-Management“ wird eine solche Vermarktung schon seit Jahren diskutiert. In der Praxis findet sich Demand-Side-Management jedoch überwiegend in einzelnen Industrieunternehmen, die ihre Strombezugskosten aktiv optimieren. Nun wird zunehmend das Potential des Demand Side Management für den Ausgleich der volatilen Energien im Netz in den Vordergrund gestellt. Mit mehreren Projekten hat sich die Deutsche Energie-Agentur des Themas angenommen[114]. In diesem

113 Art. 2 Nr. 45 der RL 2012/27/EU.

114 Dena-Studie, Roadmap Demand Side Managent; Demand Side Management in Baden-Württemberg, Projekt-Website http://www.dsm-bw.de/; Pilotprojekt Demand Side Management Bayern, Projekt-Website http://www.dsm-bayern.de/.

Zusammenhang sind bereits mehrere Abhandlungen zu den rechtlichen Rahmenbedingungen des Demand Side Managements in Deutschland veröffentlicht worden[115]. Die Tatsache, dass in der Praxis doch nicht so viele Anbieter für die gebündelte Vermarktung der Flexibilitäten[116] tätig sind, mag auch daran liegen, dass die Gestaltung des Marktes zu intelligenten Messeinrichtungen und der neuen Kommunikation noch nicht abgeschlossen ist. Erst recht gilt dies für die Niederspannungsebene. Die Vorstellung, dass Haushaltsgeräte an den Demand-Side-Management-Maßnahmen teilnehmen können, erscheint aus heutiger Sicht kaum in die Praxis umsetzbar zu sein. Das liegt jedoch auch daran, dass die Prozesse nicht bekannt sind. Bei der Implementierung neuer Instrumente besteht ein berechtigtes Interesse daran, das Potential der Laststeuerung in kleineren Pools mit ausgewählten Anlagen zu testen. Andere Endkundengeräte sollten nicht außer Acht gelassen werden. Allerdings könnte es auch für den Endkundenmarkt noch dauern, bis die finanziellen Anreize wirken. Denn die Obergrenze für die Ausstattung der steuerbaren Verbrauchseinrichtungen liegt nach § 31 Abs. 1 Nr. 5 MsbG bei 100 Euro/Jahr. Die Kostenersparnisse auf der Grundlage der Vermarktungsmaßnahmen der Aggregatoren müssen die Kosten des Messstellenbetriebs überwiegen, um einen echten Anreiz für die Letztverbraucher zu entfalten.

Neben der Vermarktung der Last als negative Regelenergie, können Einnahmen aus der Bewirtschaftung der Bilanzkreise erzielt werden, indem die Kosten für die teure Ausgleichsenergie vermieden werden. Ferner könnten Preisschwankungen an der Börse ausgenutzt werden.

Als Tätigkeiten eines Aggregators, aus denen er Einnahmen erzielt, kommen in Betracht:

- Verwaltung und Vermarktung steuerbarer Verbrauchseinrichtungen im Sinne des § 14a EnWG;
- Vermarktung der Last als Regelenergie (nur wenn die Last für die Maßnahme nach § 14a EnWG nicht gebraucht wird);

---

115 Kühling/Klein, Übersicht gesetzlicher Rahmenbedingungen für Demand Side Management.

116 Diese Leistungen werden insbesondere von NextKraftwerke, der Sonnen GmbH (mit der Besonderheit des Speichereinsatzes) beworben.

- Optimierung des Bilanzkreises (immer begleitend zum Abruf der Last nach § 14a EnWG und als Regelenergie, je nach Abstimmung mit dem Lieferanten auch begleitend zu den variablen Tarifen);
- Vermarktung an der Börse.

Die Fristen der jeweiligen Aktivitäten müssen so aufeinander abgestimmt sein, dass die Maßnahmen tatsächlich nacheinander ergriffen werden könnten.

IV. *Elektromobile*

Elektromobile werden mit einer gesetzlichen Fiktion[117] in § 14a S. 2 EnWG steuerbaren Verbrauchseinrichtungen gleichgestellt. In dieser Arbeit werden sie wegen ihrer besonderen Bedeutung unter einem eigenen Gliederungspunkt näher betrachtet.

Elektromobile sind in § 14a EnWG ausdrücklich als steuerbare Verbrauchseinrichtungen bezeichnet. Durch die Gleichstellung von Elektromobilen mit den steuerbaren Verbrauchseinrichtungen nach § 14a EnWG soll der Überlastung der Netze durch Ladevorgänge vorgebeugt werden[118]. Die Regierung sieht 6 Mio. Elektrofahrzeuge als Ziel für das Jahr 2030 vor[119]. Die mögliche Leistungsaufnahme würde ca. 9 GW betragen, wenn 30 % der Fahrzeuge am Netz sind[120]. Im Vergleich dazu liegt die installierte Leistung aller Pumpspeicherwerke in Deutschland bei ca. 7 GW[121]. Eine Vielzahl der Ladevorgänge könnte in der Niederspannung stattfinden.

1. *Technische Geeignetheit der Elektromobile für eine netzdienliche Steuerung*

Bevor die Fahrzeugbatterien tatsächlich eine Regelleistung im Netz erbringen können, bedarf es noch weiterer technischer Entwicklungen. So hängt

117 BerlKommEnR/Säcker/Bösche, 4. Aufl., Bd. 1, § 14a EnWG Rn. 20.
118 Vgl. BT-Drs. 17/6072, S. 73 f.
119 Regierungsprogramm Elektromobilität, S. 10.
120 EnBW berechnet sogar mindestens 100 GW, wenn 5 Mio. Fahrzeuge angeschlossen werden, EnBW Ergebnisbericht Modellversuch „Flexibler Wärmestrom vom 22.06.2015, Fn. 8.
121 Bdew, BDEW-Roadmap zur Umsetzung von Smart Grids in Deutschland, S. 53.

die Langlebigkeit einer Elektrobatterie unmittelbar davon ab, wie oft sie ent- und beladen wird. Zwar gibt es Untersuchungen, wie man eine Autobatterie am Regelleistungsmarkt ohne deren schnelle Alterung einsetzt[122]. Für einen flächendeckenden Einsatz von Elektrofahrzeugen zu netzdienlichen Zwecken ist die Kundenakzeptanz erforderlich. Ein negativer Einfluss auf die Langlebigkeit der Autobatterie wird von den Kunden befürchtet, was naturgemäß die Bereitschaft, die Ladeleistung des eigenen Fahrzeugs dem Netzbetreiber zur Verfügung zu stellen, senkt[123]. Es sind zuverlässige Forschungen und Vorgabe entsprechender Nutzungsregeln erforderlich, wenn man das Potential der Wiedereinspeisung aus den Elektrofahrzeugen erreichen will.

Ferner ist das Vorhandensein geeigneter technischer Anschlussvorrichtungen gegenwärtig nicht gewährleistet. So schalten sich die an das Netz angeschlossenen Autobatterien automatisch ab und stehen dem Netz nach Reaktivierung erst mit einer zeitlichen Verzögerung zur Verfügung. Die Aufrechterhaltung eines dauerhaften Bereitschaftszustands wäre für den Einsatz von Autobatterien auf dem Regelenergiemarkt erforderlich[124].

2. *Ladesäulen und Wallboxen als steuerbare Verbrauchseinrichtungen*

Der Begriff der „Elektromobile" i.S.d. § 14a EnWG bedarf in diesem Zusammenhang einer Konkretisierung. Das EnWG kennt sowohl den Begriff „Elektromobile" als auch den Begriff „Ladepunkte" bzw. „Ladeinfrastruktur" für Elektromobile. Wer kann somit den Abschluss einer Schaltvereinbarung mit dem Netzbetreiber verlangen? In Betracht kommen begrifflich zunächst die Betreiber von Ladesäulen sowie Besitzer von Elektrofahrzeugen. Nach § 3 Nr. 25 EnWG[125] werden nun Ladepunkte für Elektrofahrzeuge Letztverbrauchern gleichgestellt. Die Betreiber von Ladesäulen könnten somit selbst als Letztverbraucher eine Steuerungsvereinbarung mit dem Netzbetreiber abschließen. Da es jedoch beim gewerblichen Betrieb einer Ladestation dem Sinn und Zweck der Gewinnerzielungsabsicht widerspricht, wenn eine

122 Projekt INEES Abschlussbericht, S. 89 ff.
123 Paetz/Jochem/Fichtner, Demand Side Management mit Elektrofahrzeugen, S. 11.
124 Projekt INEES Abschlussbericht, S. 44.
125 Eingefügt mit dem Strommarktgesetz am 23.06.2016.

Ladestation nicht durchgehend verfügbar ist und es sich in den Tarifen sowie in den vertraglichen Vereinbarungen mit einer Vielzahl von Nutzern kaum abbilden lässt, ist die Belieferung einer öffentlichen und halb-öffentlichen Ladestation als eine unterbrechbare Verbrauchseinrichtung kaum denkbar[126]. Die Klarstellung in § 3 Nr. 25 EnWG macht jedoch auch deutlich, dass die Abgabe des Stroms an Elektrofahrzeugbesitzer keine Stromlieferung im Sinne des EnWG darstellt. Die Abrechnung richtet sich nicht nach dem EnWG mit der Ausweisung der Preisbestandteile. Das Netznutzungsentgelt geht vermutlich in einer Mischkalkulation auf. § 14a EnWG ist somit in dem Rechtsverhältnis zum E-Mobilisten nicht umsetzbar. Mit den Elektromobilen im Sinne des § 14a EnWG können somit nur die im privaten Bereich betankten Elektrofahrzeuge, genauer die dafür definierten Steckdosen, wie z.B. Wallboxen, gemeint sein.

3. *Vorschlag für die Einbindung der Ladesäulen in die netzdienliche Flexibilisierung des Nachfrageverhaltens*

Die kommerziell betriebenen Ladesäulen bieten den Fahrzeuginhabern das Aufladen ihrer Autobatterien an. Der Fahrzeugnutzer ist in seinem Verhalten im öffentlichen und halb-öffentlichen Raum in der Regel nicht frei. Die Ladezeiten richten sich nach den verfügbaren Zeiträumen während der Einkäufe, Pausen, unter der Beachtung der Wegfahrzeiten aufgrund der abgelaufenen Parkzeit oder der geplanten Weiterfahrt. Das Strecken oder die Unterbrechung des Ladevorgangs kann nicht geplant und somit auch nicht in seinen Alltag integriert werden. Die durchgehende Verfügbarkeit des Ladestroms kann jedoch variabel mit den an den Börsenstrompreis orientierten Tarifen bedacht werden. Dabei könnten entweder Preisspannen für verschiede Zeitfenster vorbehaltlich des konkret geltenden Preises angegeben oder die aktuellen an den Börsenpreis angeknüpften Preise direkt an das Display der Ladesäule mitgeteilt werden.

---

126 So im Ergebnis schon vor dem In-Kraft-Treten des Strommarktgesetzes auch Raabe/Weis/Ullmer, Systemdienstleistungen und Elektromobilität im Verteilnetz, Punkt 1.

Wie oben gezeigt, muss bei einer Ladesäule die Entscheidung, ob sie gerade benutzt wird, vom Nutzer getroffen werden. Dazu kann er durch Preise angereizt werden, die die Stromverfügbarkeit widerspiegeln. Allerdings ist der Lieferant nicht verpflichtet, variable Tarife, die u.a. die Zeiträume, in denen der Strom aufgrund der starken Erzeugung günstig ist, abbilden, anzubieten. Den entsprechenden Anreiz für die an Spotmarkt angepassten variablen Tarife könnte eine Netznutzungsentgeltreduzierung bieten. Der Lieferant muss hierfür nicht den Börsenpreis für Energie weitergeben, er kann die Strommengen langfristig z.B. auf dem Terminmarkt einkaufen. Die Orientierung des aktuellen Endkundenpreises an der Ladesäule am Börsenpreis bezweckt dabei die Anpassung des Verhaltens der Ladesäulenkunden an die aktuelle Netzsituation. Bedenken bestehen darin, ob eine solche Netznutzungsentgeltreduzierung nur für bestimmte variable Tarife einen Fall des § 14a EnWG darstellt und ob eine solche Verbindung des Netzentgelts mit dem Energiepreis unter Wahrung von Entflechtungsregelungen umgesetzt werden kann.

Die Einordung eines variablen Tarifs in das § 14a EnWG-Instrument ist nur dann möglich, wenn der Netzbetreiber eine Steuerungsbefugnis über die Verbrauchsanlage bekommt. Genau dies ist bei den öffentlich zugänglichen Ladesäulen, wie oben dargestellt, nicht gewünscht. Die Abrechnung geringeren Netznutzungsentgelts ist ohne Verstoß gegen die Entflechtungsvorschriften möglich, wenn ein solches Verfahren allen vergleichbaren Netznutzern, also den Ladesäulenbetreibern, angeboten wird. Ob die auf dieser Basis kalkulierten Strompreise sich gegenüber den „klassisch“ kalkulierten Preisen behaupten können, kann dem Markt überlassen werden.

V. *Kommunikative Einbindung einer steuerbaren Verbrauchseinrichtung*

Nach § 14a S. 4 EnWG ist die kommunikative Einbindung einer steuerbaren Verbrauchseinrichtung nach dem Messstellenbetriebsgesetz in der die Norm konkretisierenden Verordnung gemäß § 14a S. 3 EnWG zu beachten. Dabei sind für das Verständnis der kommunikativen Einbindung folgende Begriffe des Messstellenbetriebsgesetzes relevant:

- Messeinrichtung: Der Begriff ist in § 2 Nr. 10 MsbG legaldefiniert. Dabei handelt es sich um das Gerät, mit dem die Verbrauchserfassung erfolgt.
- Messsystem: Der Begriff ist in § 2 Nr. 13 MsbG legaldefiniert. In ein Kommunikationsnetz eingebundene Messeinrichtungen stellen ein Messsystem dar.
- Smart-Meter-Gateway: Der Begriff ist in § 2 Nr. 19 MsbG legaldefiniert. Es ist das Gerät, das Messeinrichtungen ins Kommunikationsnetz einbindet und über die Funktionen zur Datenerfassung, -verarbeitung und -versendung verfügt.
- Moderne Messeinrichtung: Der Begriff ist in § 2 Nr. 15 MsbG legaldefiniert. Es handelt sich dabei um Messeinrichtungen, die den Verbrauch zeitgenau erfassen und über ein Smart-Meter-Gateway in ein Kommunikationsnetz eingebunden werden können.
- Intelligentes Messsystem: Der Begriff ist in § 2 Nr. 7 MsbG legaldefiniert. In diesem Fall muss die Messeinrichtung zur zeitgenauen Verbrauchserfassung über ein Smart-Meter-Gateway in das Kommunikationsnetz eingebunden sein.

Letztverbraucher, die die Steuerung ihrer steuerbaren Verbrauchseinrichtung gemäß § 14a EnWG dem Netzbetreiber einräumen, müssen in Zukunft mit intelligenten Messsystemen ausgestattet werden, § 29 Abs. 1 Nr. 1 MsbG.

1. *Die für die Belieferung und Steuerung nach § 14a EnWG erforderlichen Funktionen der Zähler*

Die mit dem Gesetz zur Digitalisierung der Energiewende geregelten Anforderungen an die intelligenten Messsysteme verlangen, dass solche die Zählerstandsgangmessung gewährleisten müssen, d.h. eine zuverlässige Erhebung, Verarbeitung, Übermittlung, Protokollierung, Speicherung und Löschung von Messwerten umsetzten können, § 21 Abs. 1 Nr. 1 b MsbG. Dabei müssen dem Letztverbraucher die Zählerstandsgänge für die letzten 24 Monate zur Verfügung gestellt werden können, § 21 Nr. 2d MsbG. Für intelligente Messsysteme soll es zu Standardleistungen des Messstellenbetriebs gehören, für Letztverbraucher, die nach variablen Tarifen im Sinne des § 40 Abs. 5 EnWG beliefert werden, dem Lieferanten und dem

Netzbetreiber die Zählerstandsgänge des Vortags maximal täglich bereitzustellen, § 35 Abs. 1 Nr. 2 MsbG.

Nicht automatisiert in der sternförmigen Kommunikation berücksichtigt ist das Interesse des Verteilnetzbetreibers am Erhalt der Daten in einer häufigeren zeitlichen Frequenz. Um das Instrument der Nachfragesteuerung innerhalb der Systemsicherheitsmaßnahmen umzusetzen, muss der Verteilnetzbetreiber die Einspeisungen in sein Netz in Echtzeit nachvollziehen können. Er muss gleichzeitig alle Entnahmestellen so verwalten können, dass er die Entnahme der Elektrizität aus seinem Netz anhand der Fahrpläne, Prognosen, ggf. ihm zur Verfügung stehenden Flexibilitäten nachvollziehen kann. Ferner muss er diese Daten nutzen können, um den Zustand in seinem Netz im Voraus zu berechnen, um mögliche Störungen rechtzeitig zu erkennen[127]. BDEW regt mittelfristig Automatisierung in Verteilnetzen an[128]. Nicht nur die Steuerung, sondern auch die Planbarkeit soll unter Berücksichtigung der Meteorologie, netzinterner Besonderheiten automatisiert werden.

2. *Sternförmige Kommunikation*

Die steuerbaren Verbrauchseinrichtungen sind mit intelligenten Messsystemen auszustatten. Das bedeutet nach der oben angeführten Definition, dass sie über ein Smart-Meter-Gateway ins Kommunikationsnetz eingebunden sein müssen. Die Datenübermittlung im Wege der sternförmigen Marktkommunikation richtet sich beim Einsatz der Smart-Meter-Gateways nach § 60 Abs. 2 MsbG.

Die Messwerte sind vom Messstellenbetreiber im Wege der sternförmigen Kommunikation nach § 60 Abs. 3 Nr. 2 i.V.m. Abs. 2 MsbG täglich für den Vortag den Verteilnetzbetreibern, dem Übertragungsnetzbetreiber und dem Bilanzkreiskoordinator nach § 60 Abs. 3 Nr. 3 MSBG mitzuteilen, dem Lieferanten explizit in 15-minütiger Auflösung nach § 60 Abs. 3 Nr. 4 MsbG zu den Zwecken des § 69 Abs. 1 MsbG. Der Lieferant soll

---

127 Vgl. Säcker, Die Aufgaben der Verteilnetzbetreiber bei zunehmender Erzeugung erneuerbarer Energien und der Digitalisierung der Energiemärkte, EnWZ 2016, S. 294, 297.

128 Bdew, BDEW-Roadmap zur Umsetzung von Smart Grids, S. 8.

nach § 69 Abs. 1 MsbG die Messwerte nutzen können, um die Belieferung des Endkunden im Hinblick auf die Abrechnung, Lieferantenwechsel u.ä. abzuwickeln, aber auch, um die Energiemengenprognose nach § 4 StromNZV zu erstellen, § 69 Abs. 1 Nr. 6 MsbG, somit für die Bilanzierung. Die Datenübermittlung kann auf den Aggregator als Empfänger mit Einwilligung des Besitzers einer steuerbaren Verbrauchseinrichtung gemäß § 65 Nr. 1 MsbG erweitert werden. Der Datenaustausch kann ohne Berücksichtigung der jeweiligen Datenerhebungsauflösung grafisch wie folgt dargestellt werden:

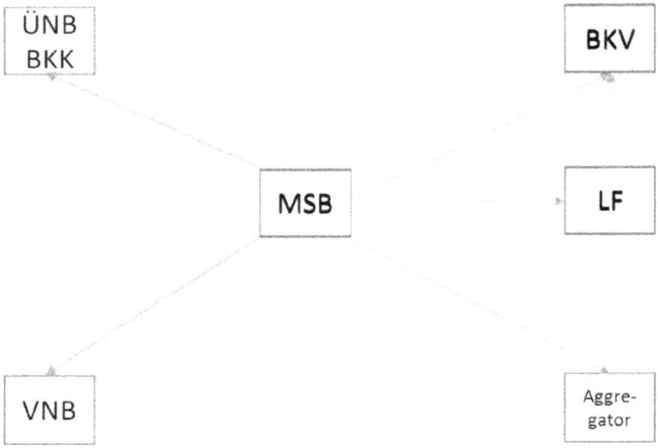

Abbildung 7: Sternförmige Kommunikation nach § 60 MsbG

3. Kommunikation als standardisiertes Formblatt

Der Datenaustausch muss als ein standardisiertes Formblatt zusammengefasst und den die Rechtsbeziehungen jeweils regelnden Verträge beigefügt sein, § 54 MsbG. Darin ist insbesondere die Information – wer / welche Daten / von wem / wie oft / zu welchem Zweck erhält – aufzunehmen.

Die sternförmige Kommunikation, bezogen auf Belieferung einer unterbrechbaren Verbrauchseinrichtung, kann in einem Formblatt wie folgt dargestellt werden:

Absender	Empfänger	Daten	Zeitpunkt	Zweck
MSB	VNB	Bezogene Monatsarbeit, Maximalleistung	monatlich	§ 60 Abs. 3 Nr. 1b) MsBG Belieferung einer steuerbaren Verbrauchseinrichtung
MSB	VNB	Jahresarbeitswerte	jährlich	§ 60 Abs. 3 2. HS MsbG
MSB	VNB	Viertel-Stunden-Werte des Vortages	täglich	§ 60 Abs. 3 Nr. 2b) MsBG Belieferung einer steuerbaren Verbrauchseinrichtung, auf Verlangen des VNB
MSB	ÜNB/BKK	Viertel-Stunden-Werte des Vortages	täglich	§ 60 Abs. 3 Nr. 3b MsbG
MSB	ÜNB/BKK	Jahresarbeitswert	jährlich	§ 60 Abs. 3 Nr. 3 2.HS MsbG
MSB	LF	Viertel-Stunden-Werte des Vortages	täglich	§ 60 Abs. 3 Nr. 4 b) MsbG
LF	BKV	die für das Bilanzkreisdaten-clearing erforderlichen Informationen		§ 69 Abs. 2 Nr. 3 MsbG
LF	Kunde	die Informationen bzgl. des Tarifs bzw. die für die Abrechnung erforderlichen Informationen		§ 69 Abs. 2 Nr. 1, 2 MsbG
MSB	Kunde	zumindest Informationen zum Verbrauch und zur Abrechnung	jederzeit	Einsichtsrecht nach § 61 MsbG
MSB	Aggregator	Informationen entsprechend der Tarifierung	Je nach Vereinbarung	Mit Einwilligung des Kunden nach § 65 Nr. 1 MsbG

Abbildung 8: Entwurf eines standardisierten Formblatts, Anlage zu den Verträgen mit dem MSB

VI. *Vereinbarung*

Die netzdienliche Steuerung nach § 14a S. 1 EnWG muss vereinbart werden. Die Vereinbarung ist sowohl als eine Voraussetzung des geltenden § 14a S. 1 EnWG zu betrachten als auch im Hinblick auf ihre Bedeutung bzgl. der stattfindenden Belieferung von unterbrechbaren Verbrauchseinrichtungen.

Der Wortlaut des § 14a EnWG verlangt eine Vereinbarung der Steuerung einer steuerbaren Verbrauchseinrichtung mit dem Verteilnetzbetreiber. Die Vereinbarung mit dem Netzbetreiber ist die Voraussetzung dafür, dass er eine netzdienliche Steuerungsmaßnahme im Sinne des § 14a EnWG ergreifen darf[129]. Anders als § 19 Abs. 2 StromNEV, der ebenfalls eine Netzentgeltreduzierung beim Verbrauch außerhalb der Zeiten mit hoher Last vorsieht, aber im Wortlaut nur das Angebot des reduziertes Entgelts regelt, setzt § 14a EnWG ausdrücklich den Abschluss einer Vereinbarung voraus. Zwar ist die Gegenleistung des Netzbetreibers, die Berechnung des reduzierten Netzentgelts, ebenfalls mit „im Gegenzug" als eine synallagmatische Pflicht innerhalb dieser Vereinbarung genannt. Die Parteien dieser Vereinbarung werden jedoch nicht genannt. Bei näherer Betrachtung wird deutlich, dass mit der Vereinbarung nicht eine Vereinbarung zwischen dem Letztverbraucher und dem Netzbetreiber gemeint ist, in der die eine Leistung in der Erteilung der Steuerungsbefugnis besteht und die Gegenleistung in der Berechnung des reduzierten Netzentgelts. Denn die Entgeltreduzierung ist dem Wortlaut des § 14a S. 1 EnWG nach innerhalb des Netznutzungs- bzw. des Lieferantenrahmenverhältnisses zu berechnen, die Steuerungsbefugnis kann dagegen nur der Letztverbraucher erteilen. Insofern muss der Gegenstand der Vereinbarung, die als Voraussetzung der Steuerung verstanden wird, lediglich aus der Erteilung der Steuerungsbefugnis bestehen. Dabei wird dem Besitzer der steuerbaren Verbrauchseinrichtung nicht die tatsächliche Steuerung vergütet, sondern nur die Einräumung der Befugnis.

Eine solche Vereinbarung wird in dieser Arbeit „Steuerungsvereinbarung" genannt. Sie kann mit den Lieferanten oder mit den Letztverbrauchern abgeschlossen werden. In der Steuerungsvereinbarung ist lediglich die Einräumung der Steuerungsbefugnis zu regeln. Die Berechnung des

---

129 Vgl. GDEW, S. 193, zu Art. 3, zu Ziff. 1 bis 6.

reduzierten Netznutzungsentgelts kann in den Lieferantenrahmenvertrag bzw. in den Netznutzungsvertrag aufgenommen werden.

1. *Steuerungsvereinbarung mit dem Letztverbraucher*

Dieses Rechtsverhältnis ist am einfachsten einzuordnen, weil sich die synallagmatischen Leistungen in diesem Rechtsverhältnis gegenüber stehen: der Letztverbraucher räumt dem Verteilnetzbetreiber die Steuerungsbefugnis für seine Anlage ein und erhält hierfür die Netzentgeltreduzierung. § 14a EnWG umschreibt den Letztverbraucher als den „Letztverbraucher im Bereich der Niederspannung, mit denen sie Netznutzungsverträge abgeschlossen haben". Fraglich ist, ob die Steuerungsvereinbarung dann immer einen Teil des Netznutzungsvertrages darstellen muss oder der Letztverbraucher ggf. nur die Steuerungsvereinbarung mit dem Verteilnetzbetreiber abschließen kann, wobei die Transportleistung von seinem Lieferanten als eine „all-inklusive"-Leistung beim Letztverbraucher ankäme. In diesem Fall wären folgende Rechtsbeziehungen zu unterscheiden: Steuerungsvereinbarung, Strombelieferung inklusive Netznutzung durch den Lieferanten und Vereinbarung über die Abrechnung der Netzentgeltreduzierung. Die Aufteilung soll nicht zu einer künstlichen Verkomplizierung der praktischen Umsetzung führen. Die Zusammenfassung der Steuerungsvereinbarung und der Abrechnung der Netzentgeltreduzierung liegt auf der Hand. Auf diese Frage wird unten bei der Betrachtung der betroffenen Marktakteure noch einmal eingegangen.

2. *Steuerungsvereinbarung mit dem Stromlieferanten*

Bei einer Steuerungsvereinbarung zwischen dem Verteilnetzbetreiber und dem Lieferanten ist zunächst anzumerken, dass sich die steuerbare Verbrauchseinrichtung, auf die sich die Steuerungsbefugnis beziehen kann, nicht beim Lieferanten befindet. Trotzdem ist dem Wortlaut des § 14a EnWG nach dem Lieferanten das reduzierte Netznutzungsentgelt zu berechnen. Das bedeutet für die Gestaltung des Vertragsverhältnisses zweierlei: zunächst muss die Befugnis, die nur der Besitzer der Verbrauchseinrichtung einräumen kann, beim Netzbetreiber ankommen; ferner muss die Netzentgeltreduzierung nicht zwangsläufig in der Höhe der Abrechnung gegenüber dem Lieferanten beim Letztverbraucher ankommen. Der

Lieferant ist in der Gestaltung seiner variablen Tarife frei und wird vom Wettbewerb gesteuert.

Die Begründung zu § 14a EnWG nahm ausdrücklich Nachtspeicherheizungen und Wärmepumpen als Beispiele für Verbrauchseinrichtungen, die von der Regelung des § 14a EnWG erfasst werden sollten[130]. Auch die Änderung des § 14a EnWG durch das Strommarktdesigngesetz nahm nicht von der bestehenden Belieferung von unterbrechbaren Verbrauchseinrichtungen nach den einschlägigen SLP gemäß § 12 Abs. 2 Nr. 5 und 6 StromNZV Abstand. Allerdings muss nach dem neuen Wortlaut des § 14a S. 1 EnWG eine netzdienliche Steuerung vereinbart sein.

Eine Vereinbarung nach § 14a EnWG stellt wiederum eine Voraussetzung für die Ausstattung von Letztverbrauchern mit steuerbaren Verbrauchseinrichtungen mit intelligenten Messsystemen nach § 29 Abs. 1 Nr. 2 2. Alt. MsbG dar. Daraus könnte gefolgert werden, dass die bestehende Belieferung von unterbrechbaren Verbrauchseinrichtungen nach den SLP gemäß § 12 Abs. 2 Nr. 5 und 6 StromNZV nicht zum Regelungsinhalt des § 14a EnWG gehört[131]. Da eine Vereinbarung nach § 14a EnWG erst seit der Einführung der Norm abgeschlossen werden kann und erst, wenn die Steuerungsvereinbarung abgeschlossen wurde, wäre eine Ausstattung mit einem intelligenten Messsystem möglich. Nach diesem Verständnis würde die bestehende Belieferung nach SLP zu festgelegten HT-/NT-Zeiten nun aus dem Regelungsbereich entfallen. Die Belieferung zu individuellen Netzentgelten bei einem atypischen Abnahmeverhalten nach § 19 Abs. 2 S. 1 StromNEV umfasst nicht die Belieferung nach § 14a EnWG[132]. Die Bundesnetzagentur ging aber in ihrem Verlangen nach einem eigenen Netzentgeltmechanismus für eine Belieferung nach § 14a EnWG davon aus, dass darunter auch die gegenwärtige Belieferung nach SLP fällt. Auch die Vorgabe in § 55 Abs. 1 Nr. 3 MsbG zu einer ZSG-Messung „sobald" die Verbrauchseinrichtung mit einem intelligenten Messsystem ausgestattet ist, spricht dafür, dass eine Belieferung einer unterbrechbaren Verbrauchseinrichtung nach § 12 Abs. 2 Nr. 5 und 6 StromNZV ebenfalls im Regelungsbereich des § 14a EnWG erfolgt, freilich noch vor Abschluss der Steuerungsvereinbarung im Sinne

130 BR-Drucks. 343/11 vom 06.06.2011.
131 BerlKommEnR/Säcker/Bösche, § 14a EnWG Rn. 30.
132 BNetzA BK8-11-024 vom 14.12.2011, S. 19.

des § 14a S. 1 EnWG. Die in Betracht kommenden Geräte der Letztverbraucher können umgerüstet, die Steuerungsmaßnahmen neu geregelt werden. Für § 29 Abs. 1 Nr. 1 MsbG muss nicht eine „Vereinbarung“ nach § 14a EnWG bereits abgeschlossen sein. Es reicht vielmehr die Absicht der Teilnahme am Flexibilitätenmarkt als eine steuerbare Last. Denn die Kosten der Messeinrichtungen trägt bis zur gesetzlich festgelegten Obergrenze der Letztverbraucher. Diese würde er nur übernehmen, wenn er das Messsystem tatsächlich als ein Prosumer nutzen will. Es wäre nicht vollständig dem Zweck des § 14a EnWG gedient, anzunehmen, dass nur steuerbare Verbrauchseinrichtungen, die mit intelligenten Messsystemen ausgestattet sind, eine Steuerungsvereinbarung im Sinne des § 14a S. 1 EnWG abschließen dürfen.

VII. *Zumutbarkeit der Steuerung*

Die Zumutbarkeit der Maßnahme war 2011 bis 2016 eine Voraussetzung für die Steuerungsmaßnahme. Dieser subjektive Umstand der Steuerung ist mit der Änderung durch das Strommarktgesetz entfallen. Es besteht keine Notwendigkeit dafür, das Merkmal als eine ungeschriebene Voraussetzung des Steuerungsbegriffs beizubehalten. Mit dem In-Kraft-Treten des GDEW ist davon auszugehen, dass die Belieferung von Verbrauchseinrichtungen im Sinne des § 14a EnWG mit ZSG erfolgen soll. Da dieses System den tatsächlichen Verbrauch abbildet, kann die vorherige Prüfung der Zumutbarkeit nicht angestellt werden. Vielmehr sind die Bedingungen der Steuerungsmaßnahmen im Vorfeld transparent und diskriminierungsfrei festzulegen. Ein Bedarf an einer weiteren Zumutbarkeitsprüfung besteht nicht.

Die Vorgabe zur Zumutbarkeit der Steuerung läuft beim Grundverständnis der Norm ins Leere. Denn nach § 14a EnWG einigen sich die Parteien auf die Bedingungen der Abschaltung. Diese werden vom Netzbetreiber transparent vorgegeben. Der Netznutzer nimmt das Angebot an. Die Maßnahme wird nicht mehr kurzfristig vor ihrem Ergreifen noch auf die Zumutbarkeit überprüft. Dazu hätte der Netzbetreiber auch keine speziellen Angaben.

B. Rechtsfolgen

Die Berechnung des reduzierten Netzentgelts ist eine Rechtsfolge des § 14a EnWG, die sich im Wortlaut niederschlägt. Allerdings muss dem § 14a

EnWG auch ein Kontrahierungszwang entnommen werden, um der Norm als ein Instrument zur Regelung der Netzseite und zum Anreiz der Marktseite gerecht zu werden.

I. *Kontrahierungszwang*

Der Vertragspartner des Netzbetreibers kann vom Netzbetreiber erst die Netzentgeltreduzierung verlangen, wenn er mit ihm eine Steuerungsvereinbarung abschließt. Der erste Anspruch, den der Besitzer oder Lieferant einer steuerbaren Verbrauchseinrichtung an den Netzbetreiber richtet, ist somit der Anspruch auf Abschluss einer Vereinbarung. Prozessual würde der Netznutzer einen Netzzugang nach § 20 Abs. 1 S. 1 i.V.m. § 14a S. 1, ggf. S. 2 EnWG beantragen.

Diesen Anspruch kann der Netzbetreiber nicht zurückweisen. Denn nach der Gesetzeskonzeption wird von dem Netzbetreiber nicht die Steuerung als Maßnahme, sondern die Steuerungsbefugnis vergütet. Einzelne Zurückweisungen wären diskriminierend. Der Verteilnetzbetreiber muss bereits im Vorfeld, um sich die Reduzierung der Netzentgelte genehmigen zu lassen, die Netzdienlichkeit der potentiellen Steuerung der konkreten Verbrauchseinrichtung definieren. Der potentielle Vorteil einer Steuerungsmaßnahme kann sich in der Netzentgeltreduzierung niederschlagen. Es bedarf einer differenzierten Prognose und Analyse der Netzauslastung durch den Verteilnetzbetreiber, wenn er nicht ohne eigenen Nutzen auf einen Teil seiner Netzentgelte verzichten möchte. Denn geringeres Netzentgelt für die Besitzer von steuerbaren Verbrauchseinrichtungen im Sinne des § 14a EnWG bedeutet auf der anderen Seite eine Steigerung der Netzentgelte für andere Netznutzer durch eine erhöhte Umlage. Auf Dauer dürfte ein nachlässig kalkulierender Netzbetreiber im Effizienzvergleich mit anderen Netzbetreibern, spätestens bei der Bewerbung um eine Konzession nach § 46 Abs. 2 EnWG nicht standhalten.

Die Vereinbarung stellt eine Voraussetzung für den Verteilnetzbetreiber dar, Verbrauchseinrichtungen im Sinne des § 14a EnWG steuern zu dürfen. Begehrt jedoch ein Netznutzer eine Reduzierung des Netznutzungsentgelts für die Stromlieferungen an eine steuerbare Verbrauchseinrichtung, so muss er diesen Anspruch zunächst gegenüber dem Verteilnetzbetreiber geltend machen. Verfügt er tatsächlich über eine steuerbare Verbrauchseinrichtung und ist er mit den Steuerungsbedingungen des Netzbetreibers sowie mit der sich daraus resultierenden Netzentgeltreduzierung einverstanden, so folgt daraus der Abschluss einer Vereinbarung im Sinne des § 14a EnWG.

II. *Reduzierung des Netzentgelts*

Gegenwärtig werden 20–40 % des regulären Netzentgelts für die Belieferung von unterbrechbaren Verbrauchseinrichtungen erhoben[133]. Aktuell werden die Netznutzungsentgelte für die Belieferung von unterbrechbaren Verbrauchseinrichtungen in die Erlösobergrenze nach § 4 ARegVO einbezogen. Die Eckpunkte der Berechnung sind jedoch an § 19 Abs. 2 S. 1 StromNEV angelehnt[134].

Die Netznutzungsentgelte für die Belieferung der Stromspeicherheizungen, Wärmepumpen, d.h. zu HT-/NT-Tarifen, wurden bis 2012 als individuelle Netznutzungsentgelte nach § 19 Abs. 2 S. 1 StromNZV als Entgelte für den so genannten atypischen Verbrauch genehmigt. Demnach musste der Netzbetreiber für Abnehmer, deren Höchstlastbeitrag vorhersehbar erheblich von der zeitgleichen Jahreshöchstlast aller Entnahmen aus dieser Netzebene abweicht, ein Entgelt bieten, das den besonderen Nutzungsverhältnissen des Kunden angemessen Rechnung tragen konnte. Der Gesetzgeber sah das atypische Verhalten insbesondere bei den Benutzungsstunden von mindestens 7.000 Stunden im Jahr und beim Verbrauch an dieser Abnahmestelle bei mehr als 10 Millionen kWh im Jahr. Dazu gehörte ausdrücklich auch die Nachtstromspeicherheizung[135].

Die Bundesnetzagentur legte in ihrer Festlegung zu § 19-Umlage vom 14.12.2011[136] fest, dass eine bundesweite Umlage entgangener Erlöse aus unterbrechbaren Verbrauchseinrichtungen nicht sachgerecht sei. Die Bundesnetzagentur leitete an dieser Stelle aus dem bereits geltenden § 14a EnWG ab, dass für unterbrechbare Verbrauchseinrichtungen ein eigenes Preissegment geschaffen werden muss. Das Netzentgelt für die Belieferung von beispielsweise Nachtspeicherheizungen und Wärmepumpen muss

133 BNetzA, Flexibilität in der Stromversorgung, S. 10.

134 Vgl. Rundschreiben der BNetzA BK 8 vom 20.06.2016 mit dem Betreff „Behandlung reduzierter Netzentgelte".

135 BerlKommEnR/Bartsch/Mayer/Pohlmann, Bd 1, 2. Aufl., § 19 StromNEV Randnr. 3.

136 BNetzA BK8-11-024 vom 14.12.2011, S. 19.

künftig in einem separaten festzulegenden Netzentgelt in Abweichung von § 17 Abs. 8 StromNEV festgelegt werden. Die Kalkulationsmethodik war gemäß dem Beschluss nur noch für das Jahr 2012 erlaubt.

§ 17 Abs. 8 StromNEV lässt keine anderen Entgelte zu, die nicht in der Stromnetzentgeltverordnung genannt sind. Der höherrangige § 14a EnWG schafft eine förmliche Grundlage für die abweichende Berechnung des Netznutzungsentgelts.

Grundsätzlich muss das Netznutzungsentgelt gemäß § 21 Abs. 1 EnWG angemessen, diskriminierungsfrei und transparent sein. In welcher Höhe die Netzentgeltreduzierung als angemessen anzusehen ist, wird eine Verordnung gemäß § 14a S. 3 i.V.m. § 21i Abs. 1 Nr. 9 EnWG nach einer umfassenden Analyse und Abstimmung möglicher Lösungsansätze mit den betroffenen Kreisen[137] regeln. Die Grundsätze bleiben jedoch auch für eine Netzentgeltreduzierung: auch diese muss angemessen, diskriminierungsfrei und transparent sein.

1. *Diskriminierungsfreie Netzentgeltreduzierung*

Es darf keine vertikale, d.h. im Vergleich zu den mit dem Netzbetreiber verbundenen Unternehmen, noch eine horizontale, d.h. im Vergleich der Netznutzer untereinander, Benachteiligung stattfinden.

Ein freies Aushandeln der Netzentgeltreduzierung ist mit einem hohen Diskriminierungspotential verbunden, denn in den jeweiligen Netzsträngen steht den Anbietern von steuerbaren Flexibilitäten aus § 14a EnWG immer nur ein Vertragspartner gegenüber. Die Vertragsautonomie muss in solchen Verhältnissen, in denen sich der Markt einem (natürlichen) Monopolisten gegenüber sieht, insofern reguliert werden, als dass alle potentiellen Vertragspartner die gleichen Möglichkeiten auf einen Vertragsschluss bekämen. Das bedeutet, dass die Höhe der Netznutzungsreduzierung nicht verhandelbar sein darf, weil sie ein Missbrauchspotential in sich birgt. Ein unterschiedliches Aushandeln der Höhe der Netznutzungsentgeltreduzierung könnte in Einzelfällen den in § 14a EnWG angelegten Kontrahierungszwang aushebeln.

137 BT-Drucks. 17/6248 vom 22.06.2011, Anlage 4.

2. *Angemessene Netzentgeltreduzierung*

Bereits der Vorgabe der Angemessenheit der Netznutzungsentgelte im Sinne des § 21 Abs. 1 EnWG, die auf Art. 23 Abs. 4 EltRL 2003 zurückzuführen ist, ist nur der Grundsatz zu entnehmen: die erbrachte Leistung der Netznutzung muss im angemessenen Verhältnis zur kalkulierten Gegenleistung der Entgeltzahlung stehen[138]. Die Höhe der Netzentgeltreduzierung im Sinne des § 14a EnWG muss sich danach bemessen, welchen Nutzen der Verteilnetzbetreiber von der angebotenen Steuerung der Verbrauchseinrichtung für sein Netz bekommt. Relevant sind in diesem Zusammenhang somit die Kapazität der steuerbaren Anlage, die Verfügbarkeit in Bezug auf die Kurzfristigkeit der Schaltung sowie auf die Dauer der Maßnahmen und die Situation im konkreten Netzgebiet.

Die Wertigkeit der Last kann im Verhältnis zu ihrem Einsatz in der nachfolgenden Tabelle zusammengefasst werden, wobei eine eigenständige Steigerung des Wertes der Steuerungsbefugnis zunächst nur innerhalb jeder Spalte zu betrachten ist.

Netznutzungsentgelt-reduzierung aufsteigend	Menge	Kurzfristigkeit der Verfügbarkeit	Dauer des Abrufs
	X	D-1	30 Min.
	XX	L – 2 Std.	1 Stunde
	XXX	L – 15 Min.	2 Stunden
	XXXX	L – 5 Min.	4 Stunden
	XXXXX	L – 30 Sekunden	8 Stunden

Abbildung 9: Anwachsen der Netzentgeltreduzierung im Zusammenhang mit der Kapazität und deren Verfügbarkeit

Die tabellarische Aufstellung zeigt u.a., dass eine kleine Einheit, die nur sehr wenige Kapazitäten freigeben kann, auch nur mit einer sehr geringen Netzentgeltreduzierung bedacht werden kann. Werden jedoch Geräte in Gruppen zusammengefasst, so steigt der Wert der gepoolten Kapazität. Der Aggregator kann in der Abrechnung die Netzentgeltreduzierung anteilig auf

138 BerlKommEnR/Säcker/Meinzenbach, Bd. 1, § 21 Rn. 42.

die verbrauchte Strommenge an den Besitzer der steuerbaren Verbrauchseinrichtung weitergeben. Allerdings steigt der Nutzen der Schaltbefugnis nicht linear mit der wachsenden Schaltkapazität: für den Netzbetreiber kann es von Interesse sein, verschiede Pools zu unterschiedlichen Bedingungen zu schalten anstatt Schaltbefugnis über ein großes Volumen zu haben.

Für die Berechnung einer angemessenen Netzentgeltreduzierung als Gegenleistung für den Einsatz steuerbarer Lasten, können zunächst zwei Modelle ähnlicher Maßnahmen betrachtet werden:

- Berechnung analog § 19 Abs. 2 EnWG und
- Berechnung analog der Verordnung über abschaltbare Lasten.

a) Analog § 19 Abs. 2 StromNEV?

Das atypische Netznutzungsverhalten i.S.d. § 19 Abs. 2 S. 1 StromNEV wird nach den Vorgaben des Netzbetreibers definiert. Er bestimmt die Hochlastzeiträume in den jeweiligen Netzsträngen. Die sog. „atypischen" Netznutzer verlegen den Großteil ihres Verbrauchs in die Zeitfenster außerhalb der Hochlast. Dabei handelt es sich um starre Zeitfenster, eine flexible Reaktion auf den Netzzustand ist nicht Gegenstand der Netznutzung im Sinne des § 19 Abs. 2 S. 1 StromNEV. Eine Parallele kann nur zu den steuerbaren Verbrauchseinrichtungen, die nach SLP beliefert werden, z.B. Nachtspeicherheizungen, gezogen werden. Auch diese werden zu den vom Netzbetreiber vorgegeben Zeiten abgeschaltet, um das Netz gleichmäßiger auszulasten. Zwar wurden gerade diese Geräte von den individuellen Vereinbarungen ausgeschlossen[139]. Deren Benutzungsstunden haben auf das Netz jedoch die gleiche Wirkung. Wie bereits aufgezeigt, versteht § 14a EnWG unter der Steuerung steuerbarer Verbrauchseinrichtungen eine Flexibilität im Verbrauch, nicht den Einsatz zu bestimmten Zeiten.

Bei den Netznutzern, die in den Genuss individueller Netznutzungsentgelte nach § 19 Abs. 2 S. 1 StromNEV kommen, spiegelt die Netzentgeltreduzierung nicht den Anreiz wider, der für eine gezielte Lastverlagerung erforderlich wäre. Bei den meisten § 19 Abs. 2 S. 1 StromNEV-Vertragspartnern liefe der Verbrauch ohnehin in demselben zeitlichen Rhythmus

139 Beschluss BNetzA BK8-11-024 vom 14.12.2011, S. 19.

ab[140], die Netzentgeltreduzierung würde „mitgenommen" werden, ohne weitere Anreize zu entfalten.

b) Analog AbLaV?

Auf der Ebene der Übertragungsnetzbetreiber stellen abschaltbare Lasten i.S.d. Verordnung über Vereinbarung zu abschaltbaren Lasten (AbLaV)[141] eine marktbezogene Systemsteuerungsmaßnahme der Übertragungsnetzbetreiber dar. Die Pflicht, marktbezogene Systemsicherheitsmaßnahmen zu ergreifen, gilt für Verteilnetzbetreiber im Rahmen ihrer Verteilerpflichten. Die Maßnahme ist in ihrer Wirkung auf allen Netzebenen gleich. Insofern könnte die Ausgestaltung der Vergütung Anhaltspunkte dafür liefern, wie gewünschte Anreize auf der Niederspannungsebene erreicht werden können.

Das Netznutzungsentgelt setzt sich in der Regel aus dem Leistungspreis und dem Arbeitspreis zusammen. Der Leistungspreis drückt den Anteil des jeweiligen Netznutzers an der Höchstlast aus. Die Preisstruktur gilt nicht für SLP-Kunden. Um das Netznutzungsentgelt als einen Anreiz für die Lastverteilung zu nutzen, müssen die Preise das jeweilige Lastverhältnis im Netz sowie das konkrete Verhalten des jeweiligen Netznutzers widerspiegeln.

Am Beispiel der Verordnung über abschaltbare Lasten könnten ein Leistungspreis und ein Arbeitspreis eingeführt werden. Der Anbieter bekommt einen monatlichen Leistungspreis fürs Bereitstellen der abschaltbaren Kapazitäten, vgl. § 4 Abs. 1 AbLaV, und im Falle eines Leistungsabrufs einen Arbeitspreis, vgl. § 13 Abs. 3 AbLaV.

Der Leistungspreis wäre analog § 4 Abs. 1 S. 2 AbLaV für das Bereithalten der abschaltbaren Lasten in einem konkreten Zeitabschnitt zu entrichten. Der Arbeitspreis vergütet den tatsächlichen Leistungsabruf, entsprechend § 4 S. 1 AbLaV. Ausgehend davon, dass ein Aggregator die Flexibilitäten auch anderweitig vermarkten darf, ist eine Unterscheidung zwischen dem Leistungspreis und dem Arbeitskreis sinnvoll und angebracht. Andernfalls bestünde die Gefahr seitens der Anbieter, in Aussicht einer höheren

140 BNetzA, Evaluierungsbericht zu den Auswirkungen des § 19 Abs. 2 StromNEV auf den Betrieb von Elektrizätsversorgungsnetzen, S. 14, 51.

141 Verordnung über Vereinbarung zu abschaltbaren Lasten (AbLaV) vom 16.08.2016 BGBl vom 22.08.2016, S. 1984 ff.

Netzentgeltreduzierung zu großzügig berechnete Flexibilitäten anzubieten in der Hoffnung, dass sie nur selten abgerufen werden. Außerdem lassen sich bei einer Zweiteilung des Preises die vielfältigen Vermarktungsmöglichkeiten derselben Flexibilität besser abbilden. Bei der Optimierung des Bilanzkreises werden lediglich Pflichten aus der Bilanzkreistreue erfüllt. Die Einnahmen ergeben sich nicht unmittelbar aus der Anpassung des tatsächlichen Verhaltens in den Abrechnungen, sondern stellen eine Folge des korrekten Verhaltens in Form von Reduzierung der Ausgleichsenergiekosten dar. Bei der weiteren Vermarktung des Stroms am Spotmarkt kann kein Arbeitspreis bezahlt werden, analog zu § 7 Abs. 1 S. 2 AbLaV. Der Anspruch auf Leistungsentgelt würde jedoch fortbestehen. Sollte die Flexibilität am Regelenergiemarkt angeboten werden, würde der Leistungspreis entfallen, da der Einsatz als Regelenergie bereits vergütet wird, vgl. § 14 Abs. 1 AbLaV.

Ein Ausschreibungsverfahren kann bei steuerbaren Lasten in der Niederspannung nicht durchgeführt werden. Die Vorgaben für ein Ausschreibungsverfahren sowie die Durchführung der Auswahl selbst stellen feste Strukturen dar, die einer sehr schnell variierenden Anzahl an teilnehmenden Letztverbrauchern nicht gerecht werden können. Würden die Aggregatoren die Präqualifikationsvoraussetzungen erfüllen und das Vorverfahren durchlaufen müssen, werden weitere Mechanismen erforderlich, um laufend auch neue Kunden in die jeweils passende Pools aufnehmen zu können. Dieses Hindernis für den Wettbewerb innerhalb abschaltbarer Lasten wurde bei der bis 2016 geltenden Verordnung kritisiert[142]. Für die Niederspannungsebene gilt dies aufgrund der Kleinteiligkeit der möglichen Anbieter umso mehr als ein Wettbewerbshindernis.

Bei einem diskriminierungsfreien Zugang der Anbieter der steuerbaren Lasten in der Niederspannung ist zu beachten, dass der Lieferantenwechsel durch die Letztverbraucher im Sinne der Förderung des Wettbewerbs auf dem Strommarkt zügig abgewickelt werden muss. Meldet ein Letztverbraucher seine steuerbare Einrichtung zur Belieferung an, so muss er kurzfristig als Anbieter aufgenommen werden können. Das bedeutet, dass die verfügbaren Flexibilitäten je nach Anzahl der dazu gekommenen oder gekündigten

142 Kühling/ Klein/ Busch, Demand Side Management und Energieregulierung, et 2016, 59, 63.

Anbieter sehr kurzfristig variieren können. Die genaue Abbildung der Flexibilitäten in der Netzentgeltstruktur ist im Voraus nicht möglich. Es könnten Grenzen für die benötigte Flexibilität durch die Netzbetreiber für den jeweiligen Netzstrang aufgezeigt werden. Im Rahmen dieser Grenzen könnten die Preise für den folgenden Abrechnungszeitraum festgelegt werden.

3. *Transparente Netzentgeltreduzierung*

Die Transparenz der Netznutzungsentgelte und somit auch der Netznutzungsreduzierung soll die Angemessenheit und ihre Kontrollierbarkeit für Netznutzer und die Regulierungsbehörden sicherstellen[143].

Die Erstellung nachvollziehbarer Bedingungen für die Kalkulation und Genehmigung der Netzentgeltreduzierung würde es den Netznutzern ermöglichen, die Gegenleistung für die Einräumung der Steuerungsbefugnis nachzuvollziehen. Die Einteilung wäre entsprechend der obigen Tabelle nach der Verfügbarkeit jeweils möglich. Bietet ein Letztverbraucher seine Kapazitäten für eine Dauer von 2 Stunden, schaltbar 30 Minuten vor der Lieferung an, so kann seine Netznutzungsentgeltreduzierung wie folgt berechnet werden: aa+bbbbb.

Netznutzungsentgeltreduzierung aufsteigend	Zeitlicher Vorlauf	NNE-Reduzierung	Dauer	NNE-Reduzierung
	D-1	a	30 Min.	bbbbb
	L – 2 Std.	aa	1 Stunde	bbbb
	L – 15 Min.	aaa	2 Stunden	bbb
	L – 5 Min.	aaaa	4 Stunden	bb
	L – 30 Sekunden	aaaaa	8 Stunden	b

Abbildung 10: Höhe der Netzentgeltreduzierung in Abhängigkeit von der angebotenen Verfügbarkeit

Die einmal genehmigten Netznutzungsentgeltreduzierungen sind wie die Netznutzungsentgelte zu veröffentlichen.

143 BerlKommEnR/Säcker/Meinzenbach, Bd. 1, § 21 Rn. 50.

Die Netznutzungsentgeltreduzierungen müssen von den Regulierungsbehörden genehmigt werden. Dies ist insofern problematisch, als dass sich der Umfang der Schaltbefugnis regelmäßig ändert. Grundsätzlich muss der Netzbetreiber über die ihm angebotenen Kapazitäten eine Steuerungsvereinbarung abschließen. Er kann die Letztverbraucher lediglich an den Aggregator verweisen, jedoch nicht zurückweisen. Kommen somit im laufenden Jahr noch einige Schaltkapazitäten hinzu, sinkt die Netzdienlichkeit der einzelnen Kapazitäten und somit die Höhe der Netzentgeltreduzierung. Dies würde sich erst bei der Abrechnung des Letztverbrauchers zeigen, innerhalb des Pools könnten sich die Zu- und Abgänge ggf. ausgleichen.

C. Ermächtigungsgrundlage zum Erlass einer Verordnung

§ 14a S. 3 EnWG enthält eine Ermächtigungsgrundlage für die Bundesregierung, mit Zustimmung des Bundesrates eine Rechtsverordnung zu erlassen, die die Verpflichtungen aus § 14a S. 1 und 2 EnWG unter Beachtung des Messstellenbetriebsgesetzes, § 14a S. 4 EnWG, näher gestaltet.

Beispielhaft werden in § 14a S. 3, 2. HS EnWG einzelne Punkte der künftigen Verordnung aufgezählt:

- Rahmen für die Netzentgeltreduzierung,
- Rahmen für die vertragliche Ausgestaltung,
- Steuerungshandlungen, die dem Netzbetreiber vorbehalten sind,
- Steuerungshandlungen, die Dritten, insbesondere Lieferanten, vorbehalten sind.

In der Erstfassung des § 14a EnWG verwies Satz 3, 2. Halbsatz auf eine Rechtsverordnung, die nach § 21 i Abs. 1 Nr. 9 EnWG a.F. zu erlassen wäre. Die Bundesregierung beabsichtigte, ein sog. Verordnungspaket über intelligente Netze, darunter eine sog. Lastmanagementverordnung nach § 14a EnWG zu erlassen[144].

Mit dem Gesetz zur Digitalisierung der Energiewende, das viele Inhalte der beabsichtigten Verordnungen zu einem förmlichen Gesetz zusammenfasste, erfuhr § 14a EnWG eine Veränderung im Wortlaut. § 14a EnWG hat seitdem nicht nur das Abschalten der unterbrechbaren

144 Info BMWi im Rahmen der AG „Intelligente Netze“.

Verbrauchseinrichtungen zum Gegenstand, sondern bezieht sich vielmehr auf eine netzdienliche Steuerung steuerbarer Verbrauchseinrichtungen. Die Wortlautänderung zieht auch eine Erweiterung des Regelungsgegenstands einer Rechtsverordnung nach § 14a EnWG nach sich. Die bereits im Jahr 2012 eingeleitete Konsultation des Marktes wird fortgesetzt. Im Wesentlichen gab es seit der Vorstellung des sog. „Ampel-Konzepts" der Bundesnetzagentur[145] mit den Vorschlägen zur Aufteilung der Steuerungsbefugnisse zwischen dem Netzbetreiber und dem Markt kaum neue Vorschläge, was auch teilweise daran gelegen haben könnte, dass alle Diskussionen ohne Umsetzung der Entscheidung zur Marktintegration von intelligenten Messeinrichtungen zwangsläufig theoretischer Natur bleiben mussten. Das Weißbuch der Bundesregierung fügte nun § 14a EnWG in einen Gesamtkontext neuer Instrumente zur Flexibilisierung des Endkundenmarkts ein. Die Vorreiterrolle des § 14a EnWG, die die Bundesregierung der Norm bei deren Erstfassung zuerkannte, nämlich erste Voraussetzungen für eine intelligente Netzsteuerung im Bereich der Verteilernetze zu schaffen[146], liegt nach wie vor bei § 14a EnWG. Somit dient auch die Intention der Bundesregierung, es dem Verordnungsgeber zu überlassen, erst nach einer umfassenden Analyse und Abstimmung mit den betroffenen Kreisen, die Nutzung von steuerbaren Verbrauchseinrichtungen zu Netzzwecken, zu konkretisieren, immer noch als Leitlinie für die aktuellen Aktivitäten der sich mit dem Thema befassten Arbeitsgruppen.

Eine Befugnis zum Erlass einer Festlegung zur weiteren Konkretisierung des § 14a EnWG enthält das neue EnWG dagegen nicht. § 29 Abs. 1 EnWG a.F. ermächtigte die Bundesnetzagentur nach einer Rechtsverordnung nach § 21i EnWG a.F. weitere Bedingungen und Methoden festzulegen. Durch die Einbeziehung des § 21i EnWG enthielt das EnWG bereits die Befugnis zum Beschluss einer Festlegung zur näheren Ausgestaltung des § 14a EnWG. Der neue § 29 EnWG erwähnt dagegen keine Verordnung nach § 14a S. 1 EnWG. Für die weitere Konkretisierung des § 14a EnWG bleibt diese Änderung voraussichtlich ohne praktische Relevanz. In der Regel enthalten Rechtsverordnungen eine eigene Ermächtigungsgrundlage für die Regulierungsbehörde, weitere Ausgestaltung im Wege einer Festlegung nach

145 BNetzA, Eckpunktepapier „Smart Grid" und „Smart Market", S. 10
146 BT-Drucks. 17/6248 vom 22.6.2011, Anlage 4.

§ 29 Abs. 1 EnWG vorzunehmen, so z.B. § 27 StromNZV, § 30 StromNEV. Bei einer Festlegung über Steuerung steuerbarer Verbrauchseinrichtungen nach § 14a EnWG wird es sich um eine Festlegung handeln, die nur bundeseinheitlich sinnvoll ist, weshalb nach § 54 Abs. 1, 3 EnWG die Bundesnetzagentur zuständig sein wird.

Eine weitere für die Belieferung von steuerbaren Verbrauchseinrichtungen relevante Verordnungsermächtigung enthält § 46 Nr. 10 MsbG. Demnach wird die Bundesregierung ermächtigt, ohne Zustimmung des Bundesrates zu regeln, dass die Verbrauchseinrichtungen nach § 14a EnWG über ein Smart-Meter-Gateway einzubinden und zu steuern sind, soweit es für das Funktionieren der Marktkommunikation mit intelligenten Messsystemen oder zur wettbewerblichen Stärkung der Rolle des Messstellenbetreibers erforderlich ist.

Teil 4: Vorschlag eines Umsetzungsmodells des § 14a EnWG unter Berücksichtigung der Vorgaben für Markt und Regulierung

Durch eine anlagenbezogene Steuerung nach § 14a EnWG allein durch den Netzbetreiber, würde die Norm die vom Gesetzgeber beabsichtigte Anreizwirkung, den Endkundenmarkt zu flexibilisieren[147], kaum erreichen können. Denn während der Netzbetreiber von der Steuerungsbefugnis und der Letztverbraucher von der Netzentgeltreduzierung profitieren, entstehen für den Lieferanten bzw. für neue Dienstleister keine Synergien. Aus Sicht des Lieferanten müssen die variablen Tarife angeboten werden, lediglich um die Verpflichtung aus § 40 Abs. 5 EnWG zu erfüllen. Da dies bereits mit den HT-/NT-Tarifen möglich ist, ist damit der Verpflichtung genüge getan. Anders würde es sich verhalten, wenn der Lieferant bzw. der Aggregator selbst eine Möglichkeit bekäme, bei den vom Netzbetreiber vorgegeben Steuerungsmaßnahmen die freigewordenen Mengen bzw. Kapazitäten anderweitig zu nutzen sowie die Belieferung der steuerbaren Verbrauchseinrichtungen entsprechend dem konkreten Verbrauch zu bilanzieren. Der Aggregator hätte sein Geschäftsfeld in den an die Besitzer von steuerbaren Verbrauchseinrichtungen gerichteten Dienstleistungen. Diese könnte er durch den Abschluss der Steuerungsvereinbarung mit dem Netzbetreiber sowie durch die Vermarktung der sich daraus ergebenden Flexibilitäten generieren. Der Stromlieferant würde versuchen, diese Dienstleistungen ebenfalls anzubieten. Auf die Entwicklung des Strommarkts könnte es sich so auswirken, dass die Lieferanten die Vermarktung der Lasten als eine Zusatzdienstleistung anbieten und in ihr Tarif einkalkulieren, wobei die Aggregatoren eine Tätigkeit als Stromlieferanten anstreben würden, um aus der Verbindung der Marktrollen Synergieeffekte zu erzielen. Der Markt für die Belieferung von steuerbaren Verbrauchseinrichtungen könnte sich dadurch erweitern. Die Nachfrage seitens der Letztverbraucher wird

147 BR-Drucks. 343/11 vom 06.06.2011.

dadurch befeuert, dass den Besitzern von steuerbaren Verbrauchseinrichtungen Kosten in Höhe von bis zu 100 Euro / Jahr für die intelligente Messeinrichtung entstehen. Um diese neue Kostenposition durch die Vorteile aus der Überlassung der Steuerungsbefugnis an die Verteilnetzbetreiber auszugleichen, sind Dienstleistungsmodelle erforderlich, an denen der betroffene Letztverbraucher partizipieren kann.

Bereits mit der EU-Effizienz-Richtlinie wurde den Mitgliedstaaten die Verpflichtung auferlegt, den diskriminierungsfreien Zugang von Aggregatoren zum Energiemarkt sicherzustellen, Art. 15 Abs. 8 RL 2012/27/EU. Dabei enthielt Art. 2 Nr. 45 RL 2012/27/EU auch eine Definition des „Aggregators“ als eines „Lastmanagement-Dienstleisters, der verschiedene kurzfristige Verbraucherlasten zwecks Verkauf oder Auktion in organisierten Energiemärkten bündelt“. Genau dies würde der Aggregator steuerbarer Verbrauchseinrichtungen erbringen, wenn er die zur Schaltung angebotenen Lasten ebenfalls auf anderen Märkten vertrieb, was einen notwendigen Begleitumstand der Steuerung nach § 14a EnWG zur Flexibilisierung des Verbrauchermarkts darstellt.

Die Aggregatoren müssen einen diskriminierungsfreien Marktzugang bekommen.

Nachfolgend wird ein Modell vorgeschlagen, wie das Zusammenwirken der betroffenen Marktakteure ausgestaltet werden könnte.

Es wird zwischen den Vorgaben der Netzbetreiber, die allen gegenüber diskriminierungsfrei festgelegt werden müssen, und den Aufgaben der neuen Marktrolle des Aggregators unterschieden.

A. Vorgaben des Verteilnetzbetreibers zum Steuerungsbedarf

Der Verteilnetzbetreiber kalkuliert u.a. anhand der angeschlossenen EE-Erzeugungsanlagen und der Anschlussleistung seinen Flexibilitätsbedarf. Das Übersteigen der vorhandenen Kapazitäten im Netz muss der Netzbetreiber mit dem Engpassmanagement ausgleichen.

Als Engpassmanagementmaßnahmen kommen für Verteilnetzbetreiber in der Niederspannung in Betracht:

- Steuerbare Verbrauchseinrichtungen nach § 14a EnWG;
- Kappung der Spitzenlast in den EE-Anlagen (beliebtes Mittel, kostenintensiv);

– Regelenergie (erfolgt über die ÜBN, kostenintensiv).

Die Steuerung steuerbarer Verbrauchseinrichtungen ist gegenwärtig noch nicht ausreichend vom Gesetzgeber und der Regulierung umrissen. Einen Markt gibt es nicht. Die Maßnahme nach § 14a EnWG wird von den Verteilnetzbetreibern noch nicht ernsthaft als eine Alternative zwischen den Engpassmanagementmaßnahmen betrachtet. Der Vorschlag für nachfolgende Regelungen hat zum Ziel, Rahmenbedingungen für eine netzdienliche Steuerung nach § 14a EnWG festzulegen, damit sich der Markt für steuerbare Lasten und somit die Steuerungsmaßnahme selbst entwickeln kann.

I. *Vorgaben des Netzbetreibers als Angebot für den Abschluss einer Steuerungsvereinbarung*

Die Steuerung von flexiblen Verbraucherlasten durch Verteilnetzbetreiber basiert auf vertraglichen Vereinbarungen. Alle für den Flexibilitätenabruf relevanten Eckpunkte, die Dauer, die Menge und die Kurzfristigkeit des Abrufs sind für beide Parteien vor dem Abschluss der Vereinbarung bekannt. Das Angebot kommt dabei vom Netzbetreiber. Die unbedingte Voraussetzung hierfür ist ein zuverlässiges Management der Netzauslastung durch den Netzbetreiber. Dazu gehört nicht nur sein Wissen um die Anschlussleistung, sondern auch das Anstellen der kurz- und mittelfristigen Prognosen bzgl. der Netzlast auf der Grundlage des zeitaktuellen Lastmonitorings sowie der Wetterprognose. Wie im Rahmen der Kalkulation der Netzentgeltreduzierung dargestellt, gestaltet der Netzbetreiber sein Angebot getrennt nach den Mengenscheiben: X, XX, XXX etc., der Dauer des Abrufs in Scheiben von 30 Minuten, 1 Stunde, 2 Stunden, 4 Stunden, 8 Stunden und der Kurzfristigkeit des Abrufs in Scheiben: am Vortag, 2 Stunden vorher, 15 Minuten vorher, 5 Minuten vorher, 30 Sekunden vorher. Der so dargestellte Flexibilitätsbedarf ist der Veröffentlichung des Netzbetreibers nebst der genehmigten Netzentgeltreduzierung auf seiner Internetseite zu entnehmen.

Ebenfalls auf der Internetzseite des Verteilnetzbetreibers ist die Liste der im jeweiligen Netzgebiet tätigen Aggregatoren zu veröffentlichen. Diese sind dem Netzbetreiber alle aus einem sog. Präqualifikationsverfahren bekannt. Im Rahmen dieses Verfahrens meldet sich der Aggregator als ein Dienstleister für die Bündelung der Flexibilitäten beim Verteilnetzbetreiber an. Er weist seine Eignung zur Erbringungen der Kommunikation und Steuerungsvorgaben nach.

Das Angebot des Netzbetreibers kann unmittelbar vom Letztverbraucher angenommen werden, sofern er die Mindestanforderungen erfüllt und die dazugehörige Kommunikation abwickeln kann. Erfüllt er die Mindestvorgabe nicht, so kann er Angebote von den aufgelisteten Aggregatoren einholen.

II. *Vorgaben des Netzbetreibers beim Abruf der Flexibilität*

Ist der Netzbetreiber zur Steuerung der Verbrauchseinrichtungen auf der Grundlage von Vereinbarungen befugt, so kommt der Qualität seiner Überwachung und Prognose der Netzauslastung große Bedeutung zu. Der Einsatz einer Netzzustandsampel[148] ist nicht erforderlich, denn der Abruf der steuerbaren Last nach § 14a EnWG erfolgt immer in der gelben Ampelphase. Dennoch muss der Bedarf nach einem Flexibilitätenabruf innerhalb der vertraglich vereinbarten Vorlauffristen verkündet werden. Der Netzbetreiber verwaltet die Netzzustandsdaten und erstellt Lastprognosen mit einer Vorlaufzeit von 7 Wochentagen anhand der Wetterprognosen des Wetterdienstes. Ermittelt der Netzbetreiber einen Bedarf an abschaltbaren Lasten, so teilt er den Bedarf dem Aggregator oder dem Kunden erstmalig sieben bis zwei Tage, bis 14:30, vorher mit. Aus der Mitteilung müssen sich ergeben: welche negative Leistung, wann und für wie lange benötigt wird sowie wie groß der Toleranzzeitraum gewünscht ist. Der preisliche Rahmen ist anzugeben.

Die Aggregatoren geben bis 14:30 Uhr des Vortages dem Verteilnetzbetreiber eine Rückmeldung darüber, welche Pools verfügbar sind, verbunden mit dem jeweiligen Arbeitspreisangebot. Sollten mehrere Rückmeldungen kommen, so sucht der Netzbetreiber das beste Angebot aus. Wird derselbe Preis mehrmals angeboten, so wird die Dauer des Toleranzzeitraums vor und nach dem Abrufzeitraum und die konkrete Auswirkung der Laststeuerung im Netzstrang in die Entscheidung einbezogen. Liegt auch bei dieser

148 Vorgeschlagen von der BNetzA im Eckpunktepapier „Smart Grid“ und „Smart Market“, aufgegriffen vom bdew.

erweiterten Beurteilung kein Unterschied, so wählt der Netzbetreiber dasjenige Angebot aus, das am längsten nicht abgerufen wurde.

Der Netzbetreiber hat das Recht, seine Anforderungen an die Verfügbarkeit bis 4 Stunden vor dem Abruf zu korrigieren. Der Bietende hat das Recht, sein Angebot bis 2 Stunden vor dem Abruf zurückzuziehen.

Zieht der Bietende sein Angebot wegen eines Fehlers des Netzbetreibers, zurück, so fallen keine zusätzlichen Kosten an. Zieht der Bietende das Angebot auf eigenen Wunsch oder den Wunsch eines Pool-Mitglieds zurück, so muss er die Differenz zum zweitbesten Angebot entrichten.

Durch die Zusage des Bietenden kommt zwischen dem Netzbetreiber und Inhaber ein Einzelvertrag über die Schaltung dieser Anlage zustande.

Der Aggregator darf die angebotene steuerbare Last zu den abgefragten Zeiten nicht als Regelenergie vermarkten.

Ein solches Auswahlverfahren wird im Regelenergiemarkt und bei abschaltbaren Lasten jeweils im Voraus auf einer Internetplattform der Übertragungsnetzbetreiber durchgeführt. Dies würde jedoch für den Verteilnetzbetreiber in der Niederspannung einen unverhältnismäßig hohen Aufwand bedeuten, der sich nur in wenigen Netzgebieten in den gewonnenen oder ersparten Gewinnen bzw. Kosten widerspiegelt. Dem Bedürfnis nach Transparenz kann auch dadurch Genüge getan werden, dass der Netzbetreiber monatlich Berichte zum Bedarf und Auswahlverfahren der Flexibilitäten veröffentlicht. Diese sollen öffentlich einsehbar sein und von den Marktteilnehmern überprüft werden können. Möglich ist auch ein regelmäßiger, zum Beispiel jährlicher Bericht an die Regulierungsbehörde.

Am Ereignistag wählt der Netzbetreiber ein Angebot aus, die weitere Kommunikation erfolgt nur zwischen dem Netzbetreiber und dem Aggregator, dessen Angebot angenommen wurde. Eine Bestätigung benötigen alle Bietenden frühzeitig, um die Flexibilitäten anderweitig einsetzten zu können.

B. Rolle und Aufgaben des Aggregators

Die an Verteilnetzbetreiber in § 14a EnWG gerichtete Verpflichtung ist der Abschluss einer Vereinbarung mit den von ihm vorgegebenen Steuerungsbedingungen. Da die Voraussetzungen für eine netzdienliche Steuerung, darunter eine Mindestlast, von dem Verteilernetzbetreiber im Rahmen des

Verfahrens zur Genehmigung einer Netzentgeltreduzierung definiert werden, stellt dies einen Kreis aus der Voraussetzung (Netzdienlichkeit) und Folge (Mindestmenge) dar, der die Gefahr in sich birgt, dass die Rechtsfolge des § 14a EnWG, der Kontrahierungszwang, ins Leere läuft. Um dem vorzubeugen, muss die Möglichkeit der Bündelung der Lasten zum Erreichen der Mindestvoraussetzung dem Markt eröffnet werden. Dies kann von einem Aggregator übernommen werden. Die Bündelung der Lasten oder Mengen ist innerhalb anderer Teilmärkte bekannt, z.B. bei der Ausschreibung der Regelenergie oder bei der Ausschreibung abschaltbarer Lasten. In diesen Fällen ist dies eine reine Markthandlung. Anders als von der Bundesnetzagentur erfolgt, wird in dieser Arbeit einem Aggregator ein breiteres Aufgabenspektrum zugeordnet als nur das Vermarkten von Regelleistung[149].

I. *Wer darf als Aggregator agieren?*

Im Energiewirtschaftsmarkt sind viele Marktakteure tätig. Aufgrund der Entflechtung und der Regulierung des Netzbereichs sind die Rechte der jeweiligen Marktteilnehmer, als ein Aggregator tätig zu werden, gesondert zu prüfen.

1. Netzbetreiber

Der Vermarktung von freigewordenen Kapazitäten geht eine Entscheidung des Netzbetreibers über die Notwendigkeit der Schaltung von steuerbaren Verbrauchseinrichtungen voraus. Dies verschafft dem Netzbetreiber naturgemäß einen Vorsprung vor anderen Aggregatoren, die lediglich aus vertrieblicher Sicht agieren und keine Daten zum Netzzustand und vorhandenen Ausgleichsmaßnahmen haben. Insofern müssen Netzbetreiber von der Marktrolle des Aggregators ausgeschlossen werden[150].

Anders verhält es sich nur, solange kein Aggregator im Netzgebiet des zuständigen Verteilnetzbetreibers tätig ist. Der Netzbetreiber kann das Begehren des Letztverbrauchers auf Abschluss einer Steuerungsvereinbarung nicht zurückweisen, denn § 14a EnWG regelt Kontrahierungszwang

---

149 BNetzA, BK6-17-046, Beschluss vom 14.09.2017.

150 Vgl. Raabe/Weis/Ullmer, Systemdienstleistungen und Elektromobilität im Verteilnetz, Punkt 3.6.

für Netzbetreiber. Ohne Pooling würde er jedoch einzelne Kunden wegen Geringfügigkeit zurückweisen. Somit muss er zur Übernahme der Aggregatorrolle verpflichtet werden. Grundsätzlich ist die Rolle des Aggregators getrennt vom Netzbetrieb auszuüben. Findet sich jedoch kein Dritter für diese Funktion, so muss der Netzbetreiber diese Marktrolle selbst übernehmen bis sich ein Aggregator findet.

Auch das Tätigwerden eines Übertragungsnetzbetreibers als Aggregator kommt nicht ernsthaft in Betracht. Sie hätten als Bilanzkreiskoordinatoren beim Erhalt von Informationen einen zeitlichen Vorsprung, da sie zu Zwecken der Bilanzkreisbewirtschaftung mit sich selbst kommunizieren würden. Übertragungsnetzbetreiber sind nach dem Grundsatz der Diskriminierungsfreiheit ebenfalls von der Marktrolle des Aggregators ausgeschlossen.

2. *Lieferant, Bilanzkreiskoordinator*

Die Rolle des Aggregators rundet den Aufgabenbereich eines Lieferanten ab. Der Lieferant gestaltet variable Tarife und erhält durch die zusätzliche Marktrolle ein weiteres Betätigungsfeld. Agiert er selbst als Bilanzkreisverantwortlicher, so hat er das erforderliche Know-how für die Vermarktung auf dem Regelenergiemarkt und bei der Bilanzkreisbewirtschaftung.

Problematisch könnte die Übernahme der Marktrolle des Aggregators durch verbundene Vertriebe werden. In diesen Fällen kann dem durch konkrete Entflechtungsvorgaben der Gefahr vorgebeugt werden, dass die Informations- und Kommunikationswege diskriminierungsfrei eingehalten werden[151].

3. *Messstellenbetreiber*

Der vollständig unabhängige Messstellenbetreiber ist ebenfalls für die Rolle des Aggregators geeignet. Dies gilt nicht für den grundzuständigen Messstellenbetreiber, der dem Netzbereich zuzuordnen ist, § 2 Nr. 4 MsbG. Der unabhängige Messstellenbetreiber wird sich seine Stellung auf dem Markt

151 Vgl. Raabe/Weis/Ullmer, Systemdienstleistungen und Elektromobilität im Verteilnetz, Punkt 3.6, allerdings sehen die Autoren beim Tätigwerden verbundener Vertriebe in der Aggregatorenrolle gravierendes Diskriminierungspotential.

ebenfalls aufgrund von mehreren Leistungen erarbeiten müssen, um sich wirtschaftlich besser zu stellen und attraktivere Angebote zu unterbreiten[152].

4. *Dritter*

Ein Dritter kann als Dienstleister für steuerbare Lasten agieren[153]. Mit dem Ziel, einen neuen Markt für die Lastmanagement-Dienstleistungen entstehen zu lassen, muss der Zugang für alle neuen Akteure offen sein. Allerdings ist eine Anzeige der Tätigkeit bei der Regulierungsbehörde entsprechend der Anzeigepflicht eines Lieferanten in § 5 EnWG unbedingt erforderlich, da der Aggregator als neuer Marktteilnehmer im bestehenden System interagieren muss, wofür sehr viele Daten ausgetauscht werden müssen. Eine Prüfung der Eignungsvoraussetzungen wie z.B. das Vorliegen der personellen, technischen und wirtschaftlichen Leistungsfähigkeit sowie der Zuverlässigkeit der Geschäftsleitung[154] ist zum Schutz der Verbraucher und des Marktes erforderlich.

II. *Aggregator als Marktakteur*

Die Rolle des Aggregators muss nicht gesetzlich vorgegeben werden, denn es handelt sich um eine Übertragung von Funktionen, für die im Zusammenwirken verschiedener Marktakteure automatisch Bedarf entsteht. Allerdings dürfen die bestehenden gesetzlichen Rahmenbedingungen keine Hindernisse für die Tätigkeit der Aggregatoren enthalten.

Zu den Aufgaben eines Aggregators soll unter anderem gehören, die Lastverlagerungspotentiale beim Letztverbraucher herauszuarbeiten, die technischen Voraussetzung zu prüfen und dann die gepoolten und kontrahierten Kapazitäten zu verwalten. Der Netzbetreiber kann lediglich seine Anforderung im Hinblick auf die steuerbare Mindestleistung äußern, erfüllt ein Aggregator diese Voraussetzung, gibt es keinen Grund, ihn abzulehnen. Dieser Wettbewerb findet auch seine natürlichen Grenzen in den jeweiligen Netzbegebenheiten. Buhlen immer mehr Aggregatoren um Letztverbraucher

---

152 Busch, S. 320.

153 Dena-Ergebnispapier „Marktrollen und Prozesse beim Einsatz von flexiblen Stromlasten im Energiesystem“, 12/2013, S. 3.

154 Vgl. Anforderungen an Energielieferanten in § 5 EnWG.

mit schaltbaren Verbrauchseinrichtungen, so zerstreuen sich die Kapazitäten auf verschiedene Pools. Da die schaltbare Menge nicht steigt, ist die Netzentgeltreduzierung nach oben beschränkt. Bei Erreichen der vom Netzbetreiber vorgegebenen Mindestmenge können sich die Aggregatoren bereits qualifizieren. Die Höhe der Netzentgeltreduzierung kann jedoch mit der Größe der Last und der unterschiedlichen Verfügbarkeit der Lasten zum Abruf steigen und somit für die Letztverbraucher aus monetärer Sicht attraktiv werden. Der Aggregator kann umso erfolgreicher werden, je besser er die Flexibilitäten vermarktet.

Die Schaffung der steuerbaren Kapazitäten auf dem Endkundenmarkt als eine der Aufgaben der Aggregatoren ist begrenzt. Zum einen ist die Anzahl der Abnahmepunkte und somit der schaltbaren Verbrauchseinrichtungen nicht unendlich. Zum anderen kann die Reduzierung der Netznutzungsentgelte irgendwann ihre Anreizfunktion erschöpfen: werden immer mehr Verbrauchseinrichtungen steuerbar und bekommt der Netzbetreiber über immer mehr steuerbare Geräte die Schaltbefugnis, so sinkt der Wert der ihm eingeräumten Schaltbefugnis, die Netzentgeltreduzierung wird geringer, der Anreiz für den Endkundenmarkt sinkt. Allerdings würden die Kosten in Höhe des reduzierten Anteils an andere Netznutzer umgelegt werden. Steigt das Niveau des übrigen Netznutzungsentgelts, bleibt das Interesse an einer Entgeltreduzierung vorhanden.

III. *Vermarktung der Flexibilitäten durch den Aggregator*

Ein Aggregator, der Flexibilitäten in einem Netzgebiet poolt, diese verwaltet, kann sie auf weiteren Märkten einsetzen, um zusätzliche Gewinne in Form von Mehreinnahmen aus Einkäufen oder in Form von Ersparnissen durch optimiertes Marktverhalten zu erzielen. Bekommt der Aggregator vom Verteilnetzbetreiber die Antwort, sein Pool werde ganz oder teilweise abgeschaltet, so weiß er mit einem gewissen Vorlauf welche Lasten für welchen Zeitraum frei werden. Er könnte in den jeweiligen Bilanzkreisen die Nominierungen korrigieren und somit die Bilanzkreise so stellen, dass der Einsatz der teuren Ausgleichsenergie nahezu ausgeschlossen wird. Er könnte die freigewordenen Strommengen jedoch auch anderweitig, z.B. auf dem Regelenergiemarkt einsetzen und an der Strombörse verkaufen.

1. Optimierung des Bilanzkreises

Stromlieferanten kaufen in der Regel den Großteil ihrer Energiemengen direkt beim Erzeuger oder einem Zwischenhändler „over the counter". Die Restmengen können an der Börse je nach Strategie gekauft bzw. verkauft werden. Die Schwankungen zwischen der Einspeisung und dem Verbrauch werden durch die Übertragungsnetzbetreiber mit Regelenergie ausgeglichen. Bei Regelenergie werden Primärregelleistung, Elektrizitätszufuhr innerhalb von 30 Sekunden, Sekundärregelleistung (Elektrizitätszufuhr innerhalb von 5 Minuten) und Tertiärregelleistung (Elektrizitätszufuhr innerhalb von 15 Minuten) unterschieden. Die Kosten für die Ausgleichsenergie werden von den Übertragungsnetzbetreibern auf die Bilanzkreisverantwortlichen und in den jeweiligen Rechtsverhältnissen auf die Lieferanten umgelegt.

Das Strommarktgesetz hat das Bilanzkreis- und Ausgleichsenergiesystem als einen Grundsatz des EnWG in § 1a Abs. 2 EnWG normiert. Die Bilanzkreisverantwortlichen müssen die Bilanzkreistreue und eine ordnungsgemäße Bewirtschaftung der Bilanzkreise gewährleisten.

Die Bilanzkreise müssen nach § 4 Abs. 2 StromNZV und Ziff. 5 des Standardbilanzkreisvertrages (BK6-06-013 vom 29.06.2011) ¼-stündlich ausgeglichen werden. Die Bundesnetzagentur wies in ihrem Positionspapier vom 16.09.2013[155] darauf hin, dass die Day-Ahead-Prognosen immer am Intraday-Markt ausgeglichen werden müssen. Geschieht dies nicht, stellt dies eine Prognosepflichtverletzung im Sinne des § 11 (des Standardbilanzkreisvertrages) dar. Die Bewirtschaftung des Bilanzkreises, in dem die Belieferung von steuerbaren Verbrauchseinrichtungen zusammengefasst ist, impliziert bei einer Bilanzierung nach erfassten Zählerstandsgangmessungen, dass der Bilanzkreisverantwortliche nach einer Nachricht des Netzbetreibers über die bevorstehende Lieferunterbrechung bzw. -drosselung seine Prognose korrigieren kann. Dies kann mit einer Intraday-Nominierung nach § 5 Abs. 2 StromNZV i.V.m. Ziff. 1.4 der Anlage 3 zum Standardbilanzkreisvertrag bis zum Zeitpunkt 15 Minuten zu jeder Viertelstunde erfolgen. Während die Erhöhung der prognostizierten Mengen mit einem Vorlauf von

155 BNetzA, Positionspapier zur Wahrnehmung der Pflichten nach § 4 Abs. 2 StromNZV und Ziffer 5.2. des Standardbilanzkreisvertrages durch die Bilanzkreisverantwortlichen, BK6-13-104 vom 16.09.2013.

45 Minuten möglich ist, ist die Reduzierung der prognostizierten Menge tatsächlich mit einem Vorlauf von 15 Minuten möglich.

Die nachträgliche tägliche Fahrplanänderung ist gemäß § 5 Abs. 3 StromNZV i.V.m. Nr. 1.6 und der Anlage 3 zum Standardbilanzkreisvertrag bis 16 Uhr des folgenden Werktages möglich.

Der untertägige Intraday-Handel an der Epex Spot wurde Ende 2011 eingeführt[156]. Erst seitdem ist ein viertelstundenscharfer Ausgleich von Bilanzkreisen möglich, d.h. 45 Minuten vor Lieferbeginn können Prognoseabweichungen ausgeglichen werden[157].

2. *Vermarktung als Regelenergie*

Die Übertragungsnetzbetreiber schreiben die Regelenergie nach § 22 EnWG i.V.m. § 6 StromNZV nach den Vorgaben der Bundesnetzagentur[158] aus. Die Rahmenbedingungen für die Ausschreibung von Regelleistungen ergeben sich aus dem Transmission Code[159], § 22 Abs. 2 S. 1–4 EnWG, §§ 3, 8, 6, 2 Nr. 9 StromNZV, den Festlegungen der Bundesnetzagentur für die Ausschreibung von Sekundär- und Minutenreserve[160], Musterverträgen für Sekundärregelleistung bzw. Minutenreserve[161].

Die Untergrenzen betragen 1 MW für Primärregelleistung, 5 MW für die Sekundärregelleistung und 5 MW bei Minutenreserve[162]. Der Bedarf wird von den Übertragungsnetzbetreibern auf der Seite www.regelleistung.net ausgeschrieben, für Minutenreserve täglich am Vortag für den Folgetag[163].

---

156 Horstmann/Buchholz, Viertelstungen-Intraday-Handel entlastet die Netze, ew 2014, 38.

157 Brunner, Berücksichtigung von Flexibilität im zukünftigen Strommarktdesign, energiewirtschaftliche tagesfragen 2014, 8, 11.

158 Bundesnetzagentur, Beschlusskammer 6, Festlegungsverfahren zu den Ausschreibungsbedingungen und Veröffentlichungspflichten für Sekundärregelleistung, Beschluss vom 12.04.2011 – BK6-10-98; Minutenreserve vom 18.10.2011 – BK6-10-099: beide Festlegungen durchlaufen gegenwärtig ein Konsultationsverfahren und sollen an den Strommarkt 2.0 (Weißbuch) angepasst werden.

159 Abrufbar unter https://www.regelleistung.net/ext/static/mrl

160 BNetzA, Beschluss vom 12.04.2011 – BK6-10-98; BNetzA, Beschluss vom 18.10.2011 – BK6-10-099.

161 Abrufbar unter https://www.regelleistung.net/ext/static/mrl

162 www.regelleistung.net

163 BNetzA, Beschluss BK6-10-099, Tenor 1.

Sekundärregelleistung wird für den kalendertäglichen Bedarf für den Erbringungstag D am Tag D-7 10:00 Uhr ausgeschrieben, die Ausschreibung endet am Tag D-1, 8:00 Uhr. Die Bundesnetzagentur will gezielt den Einsatz steuerbarer Lasten auf dem Regelenergiemarkt fördern[164]. Diese Änderungen, insbesondere die Verkürzung des ausgeschriebenen Bedarfs von einer Woche auf vier Tagesscheiben, hat zum Ziel, auch neuen Marktteilnehmern, wie z.B. den Betreibern von Demand-Side-Management-Systemen, ihre Leistungen in den Regelenergiemarkt einbringen zu können[165]. Das Verfahren zur Ausschreibung der Minutenreserve wurde entsprechend angepasst[166]. Die Ausschreibung endet am Tag D-1 um 10:00 Uhr, die Information über die Zuschlagserteilung erfolgt am Tag D-1 bis 11:00 Uhr[167]. Mit der nicht bezuschlagten Leistung könnte ein Angebot für die Minutenreserveausschreibung erstellt werden[168].

Die Verbrauchseinrichtungen müssen sich jeweils für die Regelleistungserbringung präqualifizieren. In der Regel prüft der zuständige Übertragungsnetzbetreiber, ob jede Anlage, selbst als Bestandteil eines Pools, die Anforderungen erfüllt[169]. Bei den Pools in der Niederspannung würde eine solche Prüfung der Vielzahl der kleineren Verbrauchseinrichtungen einen sehr hohen Aufwand bedeuten. Ggf. wäre die Einführung der Zertifizierung der Schaltvorrichtungen möglich. Mit der Vorlage eines entsprechenden Zertifikats, könnte beim Aggregator sowie nachfolgend beim Übertragungsnetzbetreiber nachgewiesen werden, dass die Verbrauchseinrichtung für die Steuerung sowohl im Sinne des § 14a EnWG als auch für die Erbringung der Regelenergie in Form von Sekundärregelleistung und einer Minutenreserve geeignet ist.

Da es sich beim Abruf einer steuerbaren Last nach § 14a EnWG und beim Abruf der negativen Regelenergie um dieselbe Leistung handelt, muss

164 BNetzA, Beschluss BK 6-10-099, S. 7.

165 Beschluss BNetzA vom 13.06.2017 BK6-15-158, Festlegung von Ausschreibungsbedingungen und Veröffentlichungspflichten für Sekundärregelung, S. 12.

166 Beschluss BNetzA vom 13.06.2017 BK6-15-159, Festlegung von Ausschreibungsbedingungen und Veröffentlichungspflichten für Minutenreserve.

167 BNetzA BK6-15-159, Tenor Ziff. 2.

168 BNetzA BK6-15-158, S. 24.

169 Dena-Studie, Roadmap Demand Side Management, S. 15.

zwischen dem Netzbetreiber und dem Aggregator der Vorrang zwischen den beiden Maßnahmen zugunsten der Steuerung nach § 14a EnWG geregelt werden.

Stellt die Vermarktung der Flexibilitäten einen Baustein der Dienstleistungen des Aggregators dar, so muss insbesondere die Vorrangigkeit und die jeweiligen Anmeldefristen koordiniert werden. Der Verteilnetzbetreiber hat das Erstzugriffsrecht auf die Leistung. Nur wenn er das Angebot des Aggregators ablehnt, kann der Aggregator die Flexibilität weiter vermarkten. Bei der vom Übertragungsnetzbetreiber für die Teilnahme am Regelenergiemarkt verlangten Bestätigung kann der Verteilnetzbetreiber den Einsatz flexibler Lasten als negative Regelenergie unter die Bedingung stellen, dass diese nur dann als Regelenergie vermarktet werden darf, wenn er selbst die Leistung nicht benötigt, d.h. das Angebot bereits ablehnte. Die Fristen für den Abruf der steuerbaren Lasten sollten den Aggregatoren kurze Zeiträume freilassen, in denen sie weitere Angebote für die Teilnahme an Ausschreibungen kalkulieren können.

a) Öffnung des Bilanzkreises

Ist der Aggregator des Letztverbrauchers nicht zugleich sein Stromlieferant, so müssen die Kompetenzen in Bezug auf die Steuerungsmaßnahmen untereinander abgestimmt werden. Die Vermarktung von Strommengen bzw. Flexibilitäten durch den Aggregator erfolgt ohne Berücksichtigung der Prognosen des Stromlieferanten und kann die Erfüllung der Pflicht zu einer ordnungsgemäßen Bilanzkreisführung torpedieren. Die Abstimmung zwischen dem Bilanzkreisverantwortlichen und dem Aggregator über das veränderte Abnahmeverhalten würde auf beiden Seiten einen viel höheren Abwicklungsaufwand bedeuten, dessen finanzielle Entschädigung sowie die Verantwortung für die Datenqualität zwischen den Parteien ausgehandelt und vereinbart werden muss. Ohne eine Einigung über diese Punkte ist die Tätigkeit eines unabhängigen Aggregators nicht möglich. Der mit dem Strommarktgesetz nun neu eingefügte § 26a StromNZV verpflichtet die beteiligten Marktakteure, Lieferanten, Bilanzkreisverantwortliche und Übertragungsnetzbetreiber, die Erbringung der Regelleistung durch Letztverbraucher zu ermöglichen. Die Ausgestaltung der Funktionen der dabei beteiligten Marktrollen ist noch nicht abgeschlossen. Die BNetzA eröffnete ein Konsultationsverfahren, in dem sie ein von den Verbänden vorgeschlagenes, auf der EU-Ebene als das sog. „corrected model“ bekannte Aggregator-Modell mit dem Eckpunktepapier vom 29.03.2017 vorstellte[170]. Die Bundesnetzagentur legte mit dem Beschluss vom 14.09.2017[171] die Rahmenbedingungen für die Teilnahme von RLM- und ZSG-gemessenen Letztverbrauchern am Regelenergiemarkt für Minutenreserve oder Sekundärregelung fest. Darin werden insbesondere Standardvertragsinhalte geregelt, um den Austausch von Informationen gegen angemessenes Entgelt zu ermöglichen[172].

Das Aggregator-Modell kann wie folgt dargestellt werden:

Der Letztverbraucher wird in der Regel durch den Aggregator vertreten und nachfolgend alleine an der Stelle des Letztverbrauchers benannt, wobei die ordnungsgemäße Bevollmächtigung vorausgesetzt wird. Kommt es nach der entsprechenden Präqualifizierung zum Abruf der Last nach § 14a EnWG, so werden die Lasten in dem Bilanzkreis des Lieferanten so behandelt, als ob es keinen Abruf gegeben hätte. Die tatsächlichen Ausspeisedaten werden durch die sog. Baseline ersetzt. Die Baseline kann auf der Grundlage von vergleichbaren 1/4-Stunden-Werten oder auf der Grundlage des zuletzt gemessenen ¼-Stunden-Wertes gebildet werden. Mit diesen Werten rechnet der Bilanzkreisverantwortliche die Stromlieferung (ohne Nebenleistungen wie die Netznutzung, Messung etc.) ab. Das Netznutzungsentgelt wird dagegen auf der Grundlage gemessener Werte und mit anteiligen Nebenkosten abgerechnet. Der Aggregator übermittelt für die nachträgliche Bilanzkreiskorrektur den korrigierten Fahrplan. So entstehen dem Lieferanten keine Ausgleichsenergiekosten und der Strompreis wird trotzdem vergütet. Der Aggregator dagegen kann die freigewordenen Energiemengen aus dem eigenen Bilanzkreis vermarkten. Er vergütet dem Bilanzkreisverantwortlichen des Lieferanten den entstandenen Mehraufwand.

---

170 BNetzA, Beschluss BK6-17-046 vom 29.03.2017.

171 BNetzA, Beschluss BK6-17-046 vom 14.09.2017 zur Festlegung der Erbringung von Sekundärleistung und Minutenreserve durch Letztverbraucher in Stromlieferverträgen.

172 BNetzA, Beschluss BK6-17-046 vom 14.09.2017, S. 10.

b) *Präqualifikation zur Vermarktung als Regelenergie im Ausschreibungsverfahren der Übertragungsnetzbetreiber*

Aggregatoren bewirtschaften auf der Niederspannungsebene nach dem hier gezeichneten Modell Pools mit vielen kleineren Verbrauchseinrichtungen. Jede einzelne technische Einheit muss sich für die Teilnahme an den Auktionen für den Regelenergiemarkt präqualifizieren. Aber auch die jeweiligen Pools des Aggregators müssen in der Zuverlässigkeit der Regelleistungserbringung getestet werden. Dies hat Auswirkungen auf den Wechsel des Aggregators. Wechselt der Letztverbraucher den Aggregator, was grundsätzlich die gewünschte marktwirtschaftliche Wirkung darstellen würde, so müssen sich die Pools in ihrer neuen Zusammensetzung erneut präqualifizieren. Hierfür müssen die Wechselfristen angemessen und die Verfahren weitestgehend standardisiert sein.

Im Präqualifikationsverfahren ist eine Erklärung des Anschlussnetzbetreibers beizubringen, dass die Regelleistung in seinem Netzgebiet erbracht werden kann. Bei den hier betrachteten Regelleistungspotentialen, die dieselben Lasten darstellen wie in § 14a EnWG, ist der Anschlussnetzbetreiber derselbe, mit dem die Steuerungsvereinbarung abgeschlossen wird. Der Anschlussnetzbetreiber kann somit keine bedingungslose Bestätigungserklärung abgeben, sondern nur eine unter dem Vorbehalt, dass er die Flexibilitäten mit einer bestimmten Frist nicht für eine netzdienliche Steuerung beansprucht. Die Bestätigung kann vom Anschlussnetzbetreiber abgegeben werden, da das Verfahren des Abrufs der steuerbaren Lasten bilateral geregelt wird. Sollte der Aggregator die Lasten vertragswidrig doppelt anbieten, so verletzt er seine Vertragspflichten und macht sich schadensersatzpflichtig.

Die Bestätigungserklärung des Bilanzkreisverantwortlichen, während des Abrufs der Regelleistung nicht gegenzusteuern[173], kann anhand der Vereinbarung zwischen dem Lieferanten und dem Letztverbraucher gemäß den Vorgaben der BNetzA[174] als Kopie der Vereinbarung vorgelegt werden.

173 Das Formular der Bestätigungserklärung ist von den Übertragungsnetzbetreiber vorgegeben und ist auf der Seite https://www.regelleistung.net/ext/static/prequalification abrufbar.

174 BNetzA, Beschluss BK6-17-046 vom 14.09.2017.

3. Vermarktung auf dem Spotmarkt

Die aufgrund der Stromunterbrechung oder -drosselung als Steuerungsmaßnahme i.S.d. § 14a EnWG freigewordenen Mengen kann der Aggregator auf dem Spotmarkt verkaufen, um die Bilanzkreisabweichungen auszugleichen (dann das Vorgehen nach 1. – Optimierung des Bilanzkreises) oder um gezielt Preisschwankungen an der Börse auszunutzen.

Als Handelsteilnehmer können an der Börse nur Bilanzkreisverantwortliche auftreten, die ein Zulassungsverfahren nach börsenrechtlichen Vorschriften erfolgreich durchlaufen haben. Das Gleiche würde für die neue Aggregatorrolle gelten. Als Produkt ist der Intraday-Strommarkt am ehesten geeignet. Allerdings kann der Aggregator die Preissignale der Börse nachrangig zum Bieten der Steuerung nach § 14a EnWG ausnutzen. Der Koordination der Maßnahmen untereinander kommt hohe Bedeutung zu.

Teil 5: Vorschlag für die vertragliche Gestaltung zur Umsetzung des § 14a EnWG

Anhand des im Teil 4 vorgestellten Modells zur Tätigkeit des für die Bündelung der Lasten für eine § 14a EnWG-Steuerung zuständigen Aggregators können zu den betroffenen Rechtsverhältnissen einzelne Klauseln vorgestellt werden, die für die Umsetzung des § 14a EnWG von besonderer Relevanz sind.

Voranzustellen sind Punkte, die durch gesetzliche Vorgaben reguliert werden müssen. Diese sind nach dem vorgestellten Modell:

- Kalkulation des Leistungsentgelts für die Einräumung der Steuerungsbefugnis nach § 14a EnWG und des Arbeitsentgelts für den Abruf der steuerbaren Last nach § 14a EnWG, das die Netzentgeltreduzierung im Sinne des § 14a EnWG darstellt, sowie deren Anzeige bei der Regulierungsbehörde;
- Veröffentlichung der Netzentgeltreduzierung nach § 14a EnWG auf der Webseite des Netzbetreibers;
- Benennung der in seinem Netzgebiet tätigen Aggregatoren durch den Netzbetreiber auf seiner Webseite.
- Sollte in dem Netzgebiet eines Verteilnetzbetreibers oder in einem einzelnen Netzstrang noch kein Aggregator tätig sein, so ist der Netzbetreiber verpflichtet, die ihm nach § 14a EnWG angebotenen steuerbaren Lasten anzunehmen.
- Anzeigepflicht für den Aggregator.

In diesem Teil werden die in die Tätigkeit des Aggregators, wie in dem Modell in Teil 4 involvierten Rechtsbeziehungen vorgestellt, ihre jeweilige vertragliche Ausgestaltung und spezielle Klauseln vorgeschlagen.

A. Überblick über die vertraglichen Beziehungen rund um § 14a EnWG

I. *Beteiligte Marktrollen und einschlägige Vertragsverhältnisse*

Auf der Niederspannungsebene der Verteilernetze, die für die Betrachtung des § 14a EnWG relevant ist, sind zumeist Verbraucher oder kleine Gewerbetreibende angeschlossen. Die meisten in der Niederspannung angeschlossenen Kunden dürften auf der Grundlage sog. integrierter Verträge, d.h. sowohl die Stromlieferung als auch die Netznutzung umfassender Verträge, beliefert werden.

Ein Letztverbraucher schließt mit dem Stromlieferanten seiner Wahl einen *Stromliefervertrag* ab, der in der Regel auch die Transportleistung beinhaltet. Die Bezeichnung als ein „all-inklusive-Vertrag" hat sich für solche integrierten Verträge etabliert. Der Stromlieferant hat mit dem Netzbetreiber einen *Lieferantenrahmenvertrag*, der die Netznutzung für die Belieferung einer Vielzahl von Abnahmestellen regelt. Der Stromlieferant muss grundsätzlich genauso viel Strom ins Netz einspeisen, wie sein Kunde abnimmt. Die Ein- und Ausspeisungen werden in den Bilanzkreisen auf der Grundlage von *Bilanzkreisverträgen* mit den Übertragungsnetzbetreibern zusammengefasst und ggf. ausgeglichen. Als Bilanzkreisverantwortlicher ist der Lieferant selbst oder ein anderer Stromlieferant tätig. Die an den Kunden gelieferten Mengen werden entweder von einem Messstellenbetreiber dessen Wahl oder vom Verteilnetzbetreiber als grundzuständigen Messstellenbetreiber erfasst. Die Entnahmestelle des Letztverbrauchers ist an das Verteilnetz angeschlossen, in der Niederspannung regelt die Verordnung über Allgemeine Bedingungen für den Netzanschluss und dessen Nutzung für die Elektrizitätsversorgung in Niederspannung (NAV) das Rechtsverhältnis.

Der Messstellenbetrieb stellt seit 2005 einen liberalisierten Markt in der Energiewirtschaft dar[175], was auch den Messstellenbetreiber als eine eigenständige Marktrolle hervorgebrachte, obgleich zunächst getrennt nach den Funktionen eines Messstellenbetreibers und eines Messdienstleisters. Seit dem In-Kraft-Treten des MsbG am 02.09.2016 muss das Messwesen auch entflochten sein. So darf z.B. die Messdienstleistung nicht mehr zusammen

175 Mit der Einführung des § 21 b EnWG vom 07.07.2005.

mit den Netznutzungsentgelten abgerechnet werden, § 7 Abs. 2 MsbG. Zur Durchführung des Messstellenbetriebs sind nach § 9 MsbG eigene Verträge abzuschließen. Somit kann die für den Letztverbraucher nicht als solche sichtbare, sondern lediglich als eine Nebenleistung wahrnehmbare Funktion der Messung und des dazugehörigen Messstellenbetriebs zu einem eigenständigen Rechtsverhältnis werden. Eine Stromlieferung an den Letztverbraucher besteht eigentlich aus drei getrennten Leistungen: der Netznutzung, der Energielieferung und dem Messstellenbetrieb. Die den Endkunden in der Niederspannung bislang in der Regel angebotenen kombinierten Verträge sollen jedoch auch künftig entsprechend Anwendung finden, § 9 Abs. 2 MsbG.

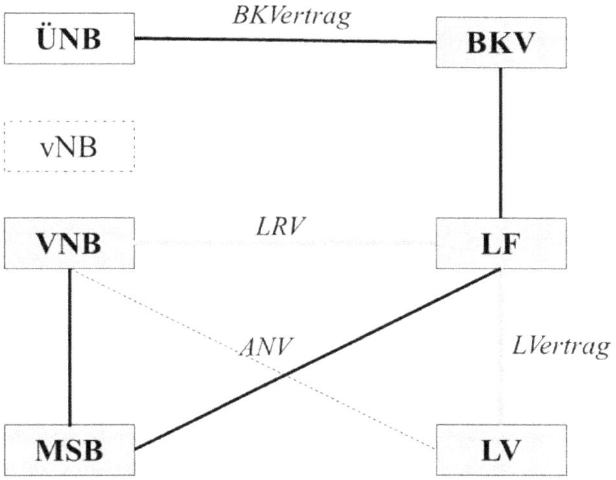

Abbildung 11: Rechtsverhältnisse zwischen den beteiligten Marktrollen

In der Praxis können die Rechtsverhältnisse oft einfacher aussehen, wenn mehrere Marktrollen zusammenfallen.

II. *Standardverträge und Musterverträge als AGB*

§ 14a EnWG erlaubt den Letztverbrauchern, den Abschluss einer Vereinbarung im Sinne des § 14a EnWG vom Netzbetreiber zu verlangen.

Der Netzbetreiber ist zwar verpflichtet, eine solche Vereinbarung abzuschließen, deren Inhalt ist jedoch nicht weiter gesetzlich bestimmt oder durch Rahmenbedingungen vorgegeben. Bedingt insbesondere durch zwei Faktoren – das natürliche Monopol der Netzbetreiber über die Transportleistung und das Massengeschäft auf der Letztverbraucherseite – werden in der Energiewirtschaft die Vertragsinhalte durch eine Verordnung oder durch eine Festlegung vorgegeben. Das Grundversorgungsverhältnis wird beispielsweise durch die StromGVV ausgestaltet. Dagegen wird der Inhalt des Lieferantenrahmen- bzw. des Netznutzungsvertrags in einer Festlegung durch die Bundesnetzagentur bestimmt.

Eine Vorgabe vertraglicher Rahmenbedingungen ist für die Belieferung von steuerbaren Verbrauchseinrichtungen unbedingt erforderlich. Zwar ist die Rechtsbeziehung zwischen dem Netzbetreiber und dem Letztverbraucher im Sinne des § 14a EnWG mit synallagmatischen Leistungen vorgesehen, der Netzbetreiber bekommt eine Steuerungsbefugnis über Kapazitäten, die ihm ansonsten nicht zustünden. Es muss jedoch sichergestellt sein, dass die mit dem Netzbetreiber kontrahierenden Marktteilnehmer diskriminierungsfrei behandelt werden. Dies wird mit der Verordnung nach § 14a S. 3 EnWG beabsichtigt. Die Verordnung würde u.a. Bedingungen zu Schaltmaßnahmen und zur Berechnung der Netznutzungsentgeltreduzierung regeln. Eine komplette Ausgestaltung der Rechtsverordnung nach dem Beispiel der StromGVV oder der NAV ist dagegen nicht angebracht, da es sich nicht um ein „Massenkundengeschäft“ handelt. Denn anders als bei der Grundversorgung oder der Anschlussnutzung in der Niederspannung, handelt es sich bei einer steuerbaren Verbrauchseinrichtung aus Kundensicht um eine zusätzliche Quelle, um die Kosten der Stromversorgung aktiv durch Teilnahme im Stromhandelsmarkt zu reduzieren. Der Abschluss der Vereinbarung bedarf bei der § 14a EnWG-Belieferung immer eines aktiven Bemühens um den Vertragsabschluss. Dort muss der Letztverbraucher den jeweiligen Flexibilitätsbedarf des Netzbetreibers und die entsprechende Vergütung mit eigenen Interessen abwägen. Die Vorgabe der Vertragsbedingungen durch eine Festlegung empfiehlt sich jedoch angesichts des Ziels, den Endkundenmarkt zu flexibilisieren. Ein entsprechender Markt für Flexibilitäten kann auf der Seite der Netznutzer nur dann wachsen, wenn die Diskriminierungsfreiheit gewährleistet ist und die Abwicklung für beide Seiten zuverlässig und einfach möglich ist.

Die durch die Bundesnetzagentur festgelegten Standardverträge dienen zur Verwendung im Massenkundengeschäft, zur Vorlage für eine Vielzahl von Kunden. Grundsätzlich stellen sie deshalb die nach den §§ 305 ff. BGB überprüfbaren Allgemeinen Geschäftsbedingung dar. Beim Entwurf von Standardverträgen sind die Grenzen der §§ 307 ff. BGB zu beachten. Individualvereinbarungen sind dabei, anders als bei der Endkundenbelieferung nicht möglich. Während der Lieferant und ein Sondervertragskunde beim Abschluss eines Stromliefervertrages grundsätzlich einzelne Klauseln über den Preis, Preisanpassung und die Laufzeit des Vertrages individuell aushandeln könnten, ist dies bei der Beteiligung des Netzbetreibers als einen der Vertragspartner nicht möglich. Eine Sondervereinbarung mit einem Netznutzer könnte eine Ungleichbehandlung mit anderen Vertragspartnern darstellen. In den festgelegten Standardvertrag ist dagegen eine Öffnungsklausel vergleichbar den Netznutzungsverhältnissen aufzunehmen, die der mangelnden Erfahrung mit dem Umgang mit Flexibilitäten Rechnung trägt. Die auf dieser Grundlage getroffenen Sondervereinbarungen muss der Netzbetreiber diskriminierungsfrei anderen § 14a EnWG-Petenten anbieten und auf seiner Internetseite bekanntgeben.

B. Vertragliche Rahmenbedingungen im regulierten Bereich

I. *Netzanschluss und Anschlussnutzung*

Zur Belieferung einer unterbrechbaren Verbrauchseinrichtung ist ein Anschluss an das Netz erforderlich. Der Netzanschlussvertrag kommt dabei nach § 18 EnWG zwischen dem Anschlussnehmer und dem Netzbetreiber zustande. Ferner wird auch die Nutzung des Anschlusses bei laufender Belieferung geregelt. Dieses Verhältnis besteht zwischen dem Anschlussnutzer und dem Netzbetreiber. Da § 14a EnWG nur die in der Niederspannung angeschlossenen steuerbaren Verbrauchseinrichtungen betrifft, entsteht zwischen dem Anschlussnutzer, d.h. demjenigen, der die Verbrauchseinrichtung auch tatsächlich nutzt und dem Verteilnetzbetreiber ein gesetzliches Anschlussnutzungsverhältnis nach § 18 EnWG i.V.m. § 3 Abs. 2 NAV. Der Anschlussnutzer und der Anschlussnehmer können unterschiedliche Personen sein. Das ist z.B. dann der Fall, wenn der Nutzer einer unterbrechbaren Verbrauchseinrichtung ein Mieter eines Objekts mit mehreren Mietparteien ist. In solchen Fällen wird in der Regel das gesamte Mietobjekt an das

Netz angeschlossen und es kommt nur ein Anschlussvertrag zwischen dem Verteilnetzbetreiber und dem Vermieter, dem Anschlussnehmer, zustande.

II. *Lieferantenrahmenvertrag / Netznutzungsvertrag*

Das Netznutzungsentgelt stellt die Gegenleistung für die Netznutzung dar. Die synallagmatischen Leistungen sind Gegenstand von Lieferantentenrahmenverträgen im Sinne des § 20 Abs. 1a Satz 2 EnWG, die zwischen dem Netzbetreiber und einem Lieferanten für eine Vielzahl im Voraus nicht definierter Entnahmestellen abgeschlossen werden. Der Endkunde kann nach § 20 Abs. 1a S. 1 EnWG selbst als Netznutzer auftreten. Der Stromliefervertrag zwischen dem Endkunden und dem Lieferanten ist ein sog. desintegrierter Vertrag[176]. Schließt ein Letztverbraucher einen Netznutzungsvertrag ab, muss er die Abwicklung einschließlich der Marktkommunikation nach den Vorgaben der Bundesnetzagentur[177] gewährleisten. Bei den Besitzern von steuerbaren Verbrauchseinrichtungen im Sinne des § 14a EnWG in Niederspannung dürfte es sich in der Regel um Haushaltskunden handeln, für die die Anschaffung der EDV-Systeme und die eigenhändige Abwicklung der Geschäftsprozesse mit einem unverhältnismäßigen Kosten- und Zeitaufwand verbunden ist. In der Regel dürften die Letztverbraucher mit eigenen Netznutzungsverträgen die Abwicklung dennoch ihrem Lieferanten oder einem anderen Dienstleister übertragen.

Der Inhalt beider Verträge wurde in einem Festlegungsverfahren durch die Bundesnetzagentur ab dem 01.01.2016 verbindlich vorgegeben[178] und an das MsbG angepasst[179].

---

176 Begriff aus Schneider/Theobald/de Wyl/Essig, § 11 Rn. 13, aus dem Beschluss der BNetzA BK6-13-042 vom 16.04.2015, S. 19.

177 Bundesnetzagentur BK6-16-200 vom 20.12.2016 ist ein Beschluss zur Anpassung der Vorgaben zur elektronischen Marktkommunikation an die Erfordernisse des Gesetzes zur Digitalisierung der Energiewende, womit die „Festlegung einheitlicher Geschäftsprozesse und Datenformate zur Abwicklung der Belieferung von Kunden mit Elektrizität"- GPKE einer Interimslösung zugeführt wird.

178 BNetzA Beschluss BK6-13-042 vom 16.04.2015.

179 BNetzA Beschluss BK6-17-042 vom 01.03.2017 und BK6-17-168 vom 20.12.2017.

Der Muster-Lieferantenrahmenvertrag enthält in § 1 Abs. 2 eine Öffnungsklausel, die es erlaubt, bei Bedarf mit dem Netznutzer individuelle Absprachen zu treffen. Der Netzbetreiber muss diese Abweichungen jedem anderen Nutzer diskriminierungsfrei anbieten und im Internet veröffentlichen.

III. *Steuerungsvereinbarung*

Die Steuerungsvereinbarung, wie sie in dieser Arbeit verstanden wird, regelt das Verhältnis zwischen dem Netzbetreiber und dem Besitzer einer steuerbaren Verbrauchseinrichtung gemäß § 14a EnWG. Darin müssen insbesondere die Vorgaben des Netzbetreibers für sein Flexibilitätsbedarf und ihr Abrufmechanismus geregelt werden. Möglich ist die Regelung des Entgelts, das sich ausgehend von dem Umfang der konkret eingeräumten Steuerungsbefugnis berechnen lässt. Die beiden Parteien haben in der Niederspannung eher selten direkte Netznutzungsverträge gemäß § 20 Abs. 1a S. 1 EnWG.

Die Steuerungsvereinbarung kann somit vom Letztverbraucher direkt oder in seinem Namen durch den Lieferanten oder durch den Aggregator abgeschlossen werden.

Die Steuerungsvereinbarung ist entsprechend der Öffnungsklausel des § 1 Abs. 2 des Muster-Lieferantenrahmenvertrages[180] als Anlage zum Lieferantenrahmenvertrag zwischen dem Netzbetreiber und dem Lieferanten gemäß § 20 Abs. 1a S. 2 EnWG zu nehmen sowie entsprechend im Stromliefervertrag ggf. auch durch das Beifügen der Anlage abzubilden.

180 BNetzA Beschluss BK6-13-042 vom 16.04.2015.

Entwurf einer Vereinbarung über Steuerung von steuerbaren Verbrauchseinrichtungen durch den Netzbetreiber (Steuerungsvereinbarung)

zwischen

Netzbetreiber __________

nachfolgend „Netzbetreiber" genannt

und

Letztverbraucher __________

ggf. vertreten durch

Aggregator __________

nachfolgend „Letztverbraucher" genannt

gemeinsam als „Vertragsparteien" bezeichnet

Präambel

Die Netznutzung erfolgt auf der Grundlage eines Netznutzungsvertrages bzw. eines Lieferantenrahmenvertrages gemäß der Festlegung der Bundesnetzagentur[181] (nachfolgend Netznutzungsvertrag). Die Steuerung einer steuerbaren Verbrauchseinrichtung gemäß § 14a EnWG wird als eine Ergänzung zum Netznutzungsvertrag entsprechend § 1 Ziff. 2 des Netznutzungsvertrages vereinbart und allen Netznutzern diskriminierungsfrei angeboten.

Nach § 14a EnWG ist der Netzbetreiber verpflichtet, den Netznutzern reduziertes Netznutzungsentgelt zu berechnen, mit denen Netznutzungs- bzw. Lieferantenrahmenverträge bestehen, und die dem Netzbetreiber erlauben, ihre steuerbare Verbrauchseinrichtungen netzdienlich zu steuern.

---

181 Beschluss der Bundesnetzagentur vom 16.04.2015 BK6-13-042, zum Zeitpunkt der Erstellung der Arbeit lief dazu ein Konsolidierungsverfahren.

§ 1 Vertragsparteien

Die Steuerungsvereinbarung wird zwischen dem Netzbetreiber und dem Letztverbraucher, der über eine steuerbare Verbrauchseinrichtung im Sinne des § 3 dieser Vereinbarung verfügt, abgeschlossen.

Der Netzbetreiber ist Betreiber des Verteilungsnetzes, an das die steuerbare Verbrauchseinrichtung des Letztverbrauchers im Sinne des § 3 dieser Vereinbarung angeschlossen ist. Sofern der Letztverbraucher nicht selbst einen Netznutzungsvertrag mit dem Netzbetreiber abgeschlossen hat, sondern ein Dritter aufgrund eines Lieferantenrahmenvertrages Vertragspartner des Netzbetreibers für die Netznutzung dieser Abnahmestelle ist, so versichern die Vertragsparteien, dass der Netznutzer seine Zustimmung zum Abschluss dieser Steuerungsvereinbarung zwischen dem Netzbetreiber und dem Letztverbraucher erteilt hat[182]. Das Gleiche gilt für einen Dritten, mit dem seitens Letztverbraucher kein Stromliefervertrag über die Belieferung der steuerbaren Verbrauchseinrichtung und seitens Netzbetreibers kein Vertrag über die Netznutzung besteht.

Anmerkungen: *Als Bevollmächtigter des Letztverbrauchers zum Abschluss der Steuerungsvereinbarung können der Stromlieferant oder ein Aggregator auftreten. Sind der Stromlieferant und der Aggregator nicht identisch, so müssen sie weitere Vereinbarungen untereinander, insbesondere zur Bilanzierung und Abrechnung treffen.*

§ 2 Gegenstand der Vereinbarung

Das Netzanschluss- und das Netznutzungsverhältnis bleiben von dieser Vereinbarung unberührt. Der Letztverbraucher ermächtigt den Netzbetreiber, die in § 3 genannte(n) steuerbare(n) Verbrauchseinrichtung gemäß § 5 der Vereinbarung zu steuern.

---

182 Entnommen aus der Präambel der Vereinbarung über ein individuelles Netzentgelt gemäß § 19 Abs. 2 S. 1 StromNEV, Entwurf der BNetzA BK4-13-739 vom 19.07.2014.

§ 3 Steuerbare Verbrauchseinrichtung

Der Letztverbraucher nutzt rechtmäßig eine steuerbare Verbrauchseinrichtung (nachfolgend: Verbrauchseinrichtung), die an Niederspannung angeschlossen ist. Es handelt sich hierbei um ____________________ (bitte die Verbrauchseinrichtung nennen). Alle steuerbaren Verbrauchseinrichtungen, die auf der Grundlage dieser Vereinbarung gesteuert werden dürfen, sind zu benennen.

Die Verbrauchseinrichtung ist separat, d.h. getrennt von anderen Abnahmestellen, mit einer eigenen Messeinrichtung ausgestattet.

Die Verbrauchseinrichtung erreicht eine Mindestanschlussleistung von 0,5 MW oder wird einem der Pools eines beim Netzbetreiber angemeldeten Aggregatoren zusammengefasst sein. Die Liste der im Netzgebiet tätigen Aggregatoren ist auf der Homepage des Netzbetreibers nach Netzstrengen aufgeteilt abrufbar.

Vor Abschluss der Vereinbarung wird eine Teststeuerung durchgeführt, für die keine Vergütung anfällt.

Anmerkungen: Die Leistung muss durch die Darstellung des steuerbaren Gegenstands konkretisiert werden. Die steuerbare Verbrauchseinrichtung muss den Anforderungen des § 14a EnWG genügen[183]*. Die Benennung der Verbrauchseinrichtung in der Steuerungsvereinbarung dient dazu, ihre Schaltbarkeit beurteilen zu können. Oft kann ein Letztverbraucher nicht selbst das Abnahmeverhalten seiner Verbrauchseinrichtung in den relevanten Daten zur Leistung und Arbeit angeben. Wird die Steuerungsvereinbarung ohne Beteiligung eines Aggregators abgeschlossen, so kann der Netzbetreiber anhand der Bezeichnung des Geräts die Verbrauchseinrichtung in eine der gepoolten Gruppen einordnen.*

Die Verbrauchseinrichtung muss zum Zeitpunkt des Vertragsschlusses die Voraussetzungen einer steuerbaren Verbrauchseinrichtung i.S.d. § 14a EnWG erfüllen. Sollte die Anlage erstmalig mit einem intelligenten Messsystem ausgestattet werden, so betrifft dies nicht das Rechtsverhältnis zwischen dem Netzbetreiber und dem Letztverbraucher und muss vom Zweiten gesondert auf eigene Kosten in Auftrag gegeben werden.

183 S.o., die Definition wurde unter … hergeleitet.

Der Kunde sichert zu, dass seine steuerbare Verbrauchseinrichtung zu den von ihm angegeben Zeiten für die angegebene Dauer vollständig abgeschaltet werden kann.

Die Parteien sind für die pausenlose Verbindung der Verbrauchseinrichtung (beim Kunden), des Kommunikationssystems (beim Netzbetreiber) verantwortlich.

§ 4 Pflichten des Letztverbrauchers

Der Letztverbraucher sichert zu, dass die Verbrauchseinrichtung die Voraussetzungen des § 3 erfüllt. Sollte eine Nachrüstung erforderlich werden, erfolgt dies auf Kosten des Netznutzers.

Der Letztverbraucher hat alle Störungen an der Verbrauchseinrichtung sowie, soweit ihm bekannt, am Messsystem dem Netzbetreiber unverzüglich, d.h. innerhalb von 60 Minuten nach deren Bekanntwerden, mitzuteilen.

Der Letztverbraucher verpflichtet sich, für die Dauer der Steuerungsmaßnahme an der Verbrauchseinrichtung weder dasselbe Gerät an einer anderen Quelle noch ein alternatives Gerät zu Erfüllung desselben Zwecks, dem auch die Verbrauchseinrichtung dient, zu nutzen.

Anmerkungen: Der Netzbetreiber muss darauf vertrauen können, dass die von ihm bzw. nach seinen Vorgaben abgeschaltete Last nicht bedient wird. Nicht alle Haushaltsgeräte können so ausgestattet werden, dass sie nur von einer Stromquelle Strom beziehen können, die schaltbar ist. Verfügt ein Gerät über einen konventionellen Stecker, könnte er anderweitig angeschlossen werden. Die Gefahr besteht insbesondere bei mobilen Speicheranlagen, wie z.B. den Autobatterien.

Problematisch ist, dass mögliche Verstöße gegen diese Vorgabe eventuell gar nicht nachvollzogen werden können. Hat ein Letztverbraucher nur die steuerbare Verbrauchseinrichtung mit Smart Meter ausgestattet, die restliche Belieferung seines Haushalts wird jedoch noch mit konventionellen Zählern erfasst, so würde der parallele Strombezug zum selben Zweck nicht nachgewiesen werden können. Das Problem könnte eventuell aus technischer Sicht gelöst werden: Eine steuerbare Verbrauchseinrichtung, die gerade per Fernsteuerung abgeschaltet oder ihre Belieferung gedrosselt wurde, sollte gegen die Nutzung einer anderen Stromquelle mit einer technischen Sperrvorrichtung abgesichert werden.

§ 5 Steuerungsmaßnahme

Der Netzbetreiber ist berechtigt, die Verbrauchseinrichtung netzdienlich, in dem gemäß dem nachfolgenden Absatz vereinbarten Umfang zu steuern.

Der Netzbetreiber räumt mehrere Steuerungsoptionen bezüglich der Dauer der Steuerungsmaßnahme und der Kurzfristigkeit der Abrufankündigung. Die Optionen sind tabellarisch zusammengefasst. Der Letztverbraucher wählt durch das Ankreuzen die Optionen, die er für die Steuerung seiner Verbrauchseinrichtung dem Netzbetreiber einräumen will. Der Letztverbraucher ist berechtigt, mehrere Varianten miteinander zu kombinieren.

zeitlicher Vorlauf	gewählte Option	Dauer	gewählte Option
D-1		30 Min.	
L – 2 Std.		1 Stunde	
L – 15 Min.		2 Stunden	
L – 5 Min.		4 Stunden	
L – 30 Sekunden		8 Stunden	

Beabsichtigt der Letztverbraucher die gewählte Option zu ändern, so muss er dies dem Netzbetreiber mit einer Frist von 1 Monat zum Ende des Kalendermonats in Textform anzeigen.

Die Steuerung muss netzdienlich sein. Der Netzbetreiber nimmt die Versorgung der Verbrauchseinrichtung wieder auf, sobald es die Netzauslastung wieder erlaubt, die maximale Dauer der Steuerungsmaßnahme muss nicht ausgeschöpft werden.

Anmerkungen: Die Gestaltung der Kombination mehrerer Optionen könnte variieren: So könnte der Letztverbraucher anbieten, bei einer längerfristigen Planung eine längere Dauer und bei einer kurzfristigen Schaltung einen nur kurzen Zeitraum zu wählen. Die Zuordnung zu den Pooling-Gruppen dürfte beim Aggregator nur nach der Kurzfristigkeit der Verfügbarkeit erfolgen. Die Dauer der Abschaltung könnte sich mit mehreren Anlagen aneinander anschließen. Zu diesem Zweck müssen die Pooling-Gruppen entsprechend verwaltet werden. Die Kombination mehrerer Steuerungsmaßnahmen lässt sich in der Netzentgeltreduzierung nicht mit einer linearen Steigerung des Anreizes für Letztverbraucher abbilden. Grundsätzlich muss die Schaltbefugnis einen bestimmten Wert für den Netzbetreiber darstellen. Dieser steigt nicht mit

dem parallelen Angebot geringerer Optionen. Insofern muss beim Angebot mehrerer Optionskombinationen die höchste Netzentgeltreduzierung einer Kombination ausschlaggebend sein.
Die Änderung der einmal gewählten Option hat Auswirkungen auf die Höhe der Netzentgeltreduzierung. Eine Anpassung ist nicht zu jedem beliebigen Zeitpunkt möglich.

§ 6 Laufzeit der Vereinbarung

Die Vereinbarung tritt am Tag der Unterzeichnung in Kraft.

Das Recht zur Kündigung aus wichtigem Grund besteht für beide Parteien.

Sollte zu dem Vereinbarungsgegenstand eine Verordnung erlassen oder von der Bundesnetzagentur eine Festlegung getroffen werden, so werden sich die Parteien über das Recht der Anpassung der Vereinbarung an die gesetzlichen, regulatorischen oder sonstigen behördlichen Vorgaben verständigen.

Anmerkungen: Die Laufzeit der Vereinbarung ist nicht an den Stromliefervertrag geknüpft, sondern vielmehr an das Rechtsverhältnis über die Netz- und Anschlussnutzung zwischen dem Netzbetreiber und dem Letztverbraucher. Dieses ist in der Regel unbefristet.

Widerrufsbelehrung

Anmerkungen: Wird der Vertrag mit einem Verbraucher im Sinne des § 13 BGB geschlossen, so ist er über sein Widerrufsrecht nach §§ 312g Abs. 1, § 355 BGB zu belehren, § 312 d BGB i.V.m. Art. 246s EGBGB, da er in der Regel außerhalb der Geschäftsräume des (Aggregators) Netzbetreibers, oft im Wege des Fernabsatzes abgeschlossen werden dürfte. Um den hohen Anforderungen der Rechtsprechung an die Richtigkeit der Widerrufsbelehrung zu erfüllen, sollte die Musterformulierung aus der Anlage 1 zum Art. 246a § 1 Abs. 2 S. 2 EGBGB verwendet werden. Das Muster-Widerrufsformular entsprechend der Anlage 2 zum Art. 246a § 1 Abs. 2 Nr. 1, § 2 Abs. 2 Nr. 2 EGBGB. Die Widerrufsfrist beginnt 14 Tage nach Vertragsschluss, § 355 Abs. 2 BGB. Der Verbraucher schuldet im Falle des Widerrufs dem Aggregator nur dann Wertersatz, wenn er ausdrücklich verlangt hat, dass mit der Leistung vor Ablauf der Widerrufsfrist begonnen werden soll, § 357 Abs. 8 BGB.

Widerrufsbelehrung

Widerrufsrecht

Sie haben das Recht, binnen vierzehn Tagen ohne Angabe von Gründen diesen Vertrag zu widerrufen.

Die Widerrufsfrist beträgt vierzehn Tage ab dem Tag des Vertragsschlusses.

Um Ihr Widerrufsrecht auszuüben, müssen Sie uns (*Namen, Ihre Anschrift und, soweit verfügbar, Ihre Telefonnummer, Telefaxnummer und E-Mail-Adresse*) mittels einer eindeutigen Erklärung (z. B. ein mit der Post versandter Brief, Telefax oder E-Mail) über Ihren Entschluss, diesen Vertrag zu widerrufen, informieren. Sie können dafür das beigefügte Muster-Widerrufsformular verwenden, das jedoch nicht vorgeschrieben ist.

Zur Wahrung der Widerrufsfrist reicht es aus, dass Sie die Mitteilung über die Ausübung des Widerrufsrechts vor Ablauf der Widerrufsfrist absenden.

Folgen des Widerrufs

Wenn Sie diesen Vertrag widerrufen, haben wir Ihnen alle Zahlungen, die wir von Ihnen erhalten haben, einschließlich der Lieferkosten (mit Ausnahme der zusätzlichen Kosten, die sich daraus ergeben, dass Sie eine andere Art der Lieferung als die von uns angebotene, günstigste Standardlieferung gewählt haben), unverzüglich und spätestens binnen vierzehn Tagen ab dem Tag zurückzuzahlen, an dem die Mitteilung über Ihren Widerruf dieses Vertrags bei uns eingegangen ist. Für diese Rückzahlung verwenden wir dasselbe Zahlungsmittel, das Sie bei der ursprünglichen Transaktion eingesetzt haben, es sei denn, mit Ihnen wurde ausdrücklich etwas anderes vereinbart; in keinem Fall werden Ihnen wegen dieser Rückzahlung Entgelte berechnet.

Haben Sie verlangt, dass die Dienstleistungen oder Lieferung von Wasser/Gas/Strom/Fernwärme [Unzutreffendes streichen] während der Widerrufsfrist beginnen soll, so haben Sie uns einen angemessenen Betrag zu zahlen, der dem Anteil der bis zu dem Zeitpunkt, zu dem Sie uns von der Ausübung des Widerrufsrechts hinsichtlich dieses Vertrags unterrichten, bereits erbrachten Dienstleistungen im Vergleich zum Gesamtumfang der im Vertrag vorgesehenen Dienstleistungen entspricht.

Muster-Widerrufsformular

(Wenn Sie den Vertrag widerrufen wollen, dann füllen Sie bitte dieses Formular aus und senden Sie es zurück.)

- An [hier ist der Name, die Anschrift und gegebenenfalls die Telefaxnummer und E-Mail-Adresse des Unternehmers durch den Unternehmer einzufügen]:
- Hiermit widerrufe(n) ich/wir (*) den von mir/uns (*) abgeschlossenen Vertrag über den Kauf der folgenden Waren (*)/die Erbringung der folgenden Dienstleistung (*)
- Bestellt am (*)/erhalten am (*)
- Name des/der Verbraucher(s)
- Anschrift des/der Verbraucher(s)
- Unterschrift des/der Verbraucher(s) (nur bei Mitteilung auf Papier)
- Datum

(*) Unzutreffendes streichen.

Entwurf einer Ergänzungsklausel über die Netzentgeltreduzierung für die Erlaubnis zur Steuerung einer steuerbaren Verbrauchseinrichtung gemäß § 14a EnWG durch den Netzbetreiber

Anmerkungen: Die Netzentgeltreduzierung wird im Netznutzungsverhältnis gewährt. Über die Weitergabe der Netzentgeltreduzierung an den Letztverbraucher entscheidet der Vertragspartner des Netzbetreibers. Die Steuerungsvereinbarung zwischen dem Netzbetreiber und dem Letztverbraucher allein, ohne Netzentgeltreduzierung als direkte Gegenleistung, ist die Voraussetzung für die Steuerung.

Höhe der Netzentgeltreduzierung

Die Höhe der Netzentgeltreduzierung wird anhand der in § 3 der Steuerungsvereinbarung gewählten Optionen und der Angaben aus dem jeweils aktuellen Preisblatt vereinbart. Die Netzentgeltreduzierung wird jedes Jahr neu kalkuliert, von der Regulierungsbehörde bestätigt und auf der Homepage des Netzbetreibers veröffentlicht.

Anmerkungen: Die Netzentgeltreduzierung ist damit begründet, dass der Netzbetreiber durch die ihm auf der Grundlage der Steuerungsvereinbarung eingeräumte Möglichkeit, Lasten der Verbraucher netzdienlich zu steuern, Kosten für den Netzausbau vermeidet. Dieses monetäre Ersparnis wird an die teilnehmenden Letztverbraucher weitergegeben. Werden in § 5 der Steuerungsvereinbarung mehrere Optionskombinationen angeboten, so wird die höchste Netznutzungsentgeltreduzierung gewählt, die für eine dieser Optionen anfallen.

Abrechnung

Die monatlichen Abschlagszahlungen aus dem Netznutzungs-/ Lieferantenrahmenvertrag ermäßigen sich ab dem auf den Vertragsschluss folgenden Monat um den sog. Grundpreis in Höhe von X. Das zwischen dem Vertragsschluss und der erstmaligen Reduzierung des Netznutzungsentgeltes bereits entrichtete Netznutzungsentgelt wird mit der Jahresabrechnung in dem Anteil pro Tag zurückerstattet.

IV. *Bilanzkreisvertrag*

Der Bilanzkreisvertrag ist nach § 20 Abs. 1a S. 5 EnWG i.V.m. §§ 3 Abs. 2, 26, 4 StromNZV Voraussetzung für die Netznutzung. Der Inhalt des Bilanzkreisvertrags ist durch die Festlegung der Bundesnetzagentur vorgegeben[184].

Findet eine Steuerung nach dem vorgeschlagenen Modell statt, so muss sie Stromlieferung bilanziell und tatsächlich richtig abgebildet werden.

Für den Ausgleich des veränderten Abnahmeverhaltens, könnten die Energiemengen an der Strombörse gehandelt werden. Zum bilanziellen Ausgleich muss der Bilanzkreisverantwortliche die Nominierungen korrigieren.

Wird die Steuerung und die vorhergehende Kommunikation durch den Aggregator erbracht und aus eigenen Bilanzkreisen weitervermarktet, so wäre die Abwicklung nach dem von der Bundesnetzagentur vorgeschlagenen corrected-Modell zur Eröffnung des Bilanzkreises der praktikabelste Weg für das Zusammenwirken der Marktakteure.

---

184 BNetzA Beschluss BK6-14-044

C. Umsetzung auf der Marktseite

I. *Verträge zur Belieferungen der Letztverbraucher mit Strom*

Bei den Stromlieferverträgen wird in der Regel zwischen Grundversorgung und Sonderkundenverträgen unterschieden, wobei die Sonderkundenverträge zwischen der Belieferung von Haushaltskunden und Gewerbetreibenden unterscheiden.

Es gibt keine Pflicht der Grundversorger, einen Tarif zur Belieferung steuerbarer Verbrauchseinrichtungen in der Grundversorgung anzubieten.

Ein Stromliefervertrag auf der hier relevanten Niederspannungsebene kennzeichnet sich dadurch aus, dass er für eine wiederholte Verwendung gegenüber Letztverbrauchern gestaltet wird. Grundsätzlich möglich ist es, individuelle Verträge außerhalb des strengen Rahmens der §§ 307 ff. BGB abzuschließen. Allerdings dürfte dies tatsächlich erst bei Sondersachverhalten, die bei größeren Gewerbetreibenden auftreten, möglich sein. Denn Allgemeine Geschäftsbedingungen liegen bereits dann vor, wenn vertragliche Klauseln für eine wiederholte Verwendung gestaltet worden sind. In einem Massenkundengeschäft, wie dem einer Strombelieferung, sind kaum Sachverhalte denkbar, die vollständig individueller Verträge bedurft hätten. So wäre es z.B. möglich, die Preise unter Berücksichtigung der Vertragslaufzeit und der Preisentwicklung individuell zu vereinbaren, nicht jedoch ganze Vertragswerke. Den gesetzlichen Rahmen für die Gestaltung eines Stromliefervertrages geben somit das Recht der Allgemeinen Geschäftsbedingungen sowie in Ansätzen das EnWG und das Kartellrecht vor.

1. *Vertragsinhalt*

Auf der Verbraucherseite können die Verträge mit Haushaltskunden oder mit Gewerbetreibenden abgeschlossen werden. Zu den Haushaltskunden gehören nach § 3 Nr. 22 EnWG Letztverbraucher, die Energie überwiegend für den Eigenverbrauch im Haushalt oder zu Geschäftszwecken kaufen, sofern deren Jahresverbrauch 10000 kWh nicht übersteigt.

Der Inhalt der Energielieferverträge mit Haushaltskunden ist in § 41 EnWG vorgegeben. Folgende Regelungen sind somit in den Stromlieferverträgen mit Haushaltskunden zu treffen:

1) Leistungen einschließlich Wartungsdienste[185];
2) Preisanpassung[186];
3) Vertragsdauer[187];
4) Rücktrittsrecht[188];
5) Kündigungstermine und Kündigungsfristen[189];
6) Zahlungsweise[190]: Es sind vor Vertragsschluss mehrere Zahlungsmöglichkeiten anzubieten[191]. Bei Vereinbarungen zu Vorauszahlungen sind Vorgaben des § 41 Abs. 2 S. 2, 3, 4 EnWG zu beachten.
7) Haftungs- und Entschädigungsregelungen bei Nichterfüllung vertraglich vereinbarter Pflichten[192];
8) Lieferantenwechsel[193]
9) Wo und wie sind Informationen über Tarife und Wartungsentgelte erhältlich[194];
10) Informationen zum Schlichtungsverfahren[195]
11) Belehrung über Rücktritts- bzw. Kündigungsrechte bei Änderung der Vertragsbedingungen[196];
12) Angaben zu Stromkennzeichnung nach § 42 Abs. 1 bis 6 EnWG in den Verträgen, aber auch in weiteren Unterlagen des Stromlieferanten;
13) Belehrung über die Informationsmöglichkeiten zu Energieeffizienzmaßnahmen nach § 4 Abs. 2 Energiedienstleistungsgesetz (EDL-G);
14) Informationen nach Art. 246 §§ 1,2 EGBGB[197] für den Fall, dass der Haushaltskunde ein Verbraucher ist;

---

185 § 41 Abs. 1 S. 2 Nr. 2 EnWG.
186 § 42 Abs. 1 S. 2 Nr. 1 EnWG.
187 § 42 Abs. 1 S. 2 Nr. 1 EnWG.
188 § 42 Abs. 1 S. 2 Nr. 1 EnWG.
189 § 42 Abs. 1 S. 2 Nr. 1 EnWG.
190 § 42 Abs. 1 S. 2 Nr. 3 EnWG.
191 § 42 Abs. 2 S. 1 EnWG.
192 § 42 Abs. 1 S. 2 Nr. 4 EnWG.
193 § 42 Abs. 1 S. 2 Nr. 5 EnWG.
194 § 42 Abs. 1 S. 2 Nr. 6 EnWG.
195 § 42 Abs. 1 S. 2 Nr. 7 EnWG.
196 § 41 Abs. 3 EnWG.
197 § 42 Abs. 1 S. 3 EnWG.

15) Im Übrigen ohne gesetzliche Vorgaben: Vertragsschluss, Datenschutz, Einwilligung in Werbemaßnahmen, ggf. Bevollmächtigung zur Kündigung des bestehenden Vertrages, Rechtsnachfolge, Salvatorische Klausel.

Die Verträge müssen einfach und verständlich formuliert sein[198]. Die Angaben nach den Punkten 1 bis 10 sind auch auf Rechnungen und Werbungen anzubringen.

2. *Besonderheiten bei der Belieferung einer steuerbaren Verbrauchseinrichtung*

Es gibt eine Vielzahl von Stromlieferungs-Musterverträgen in der Fachliteratur, weshalb hier vom Vorschlag ausformulierter Klauseln Abstand genommen wird. Es wird nachfolgend nur auf die Punkte hingewiesen, die bei einer Belieferung einer steuerbaren Verbrauchseinrichtung abweichend oder neu sind.

a) Bedarfsdeckung und Steuerungsbefugnis

Anders als bei sonstigen Stromlieferverträgen wird eine steuerbare Verbrauchseinrichtung nicht durchgehend nach Bedarf beliefert. Steuerungsvorgaben des Netzbetreibers sowie die erteilte Steuerungsbefugnis gemäß der Steuerungsvereinbarung müssen zum Bestandteil der Belieferung gemacht werden.

Der Letztverbraucher hat die Möglichkeit den Flexibilitätsbedarf des Netzbetreibers zur Kenntnis zu nehmen und die Auswirkungen einer Steuerung auf sein Verhalten einzuschätzen. Damit erklärt er sich beim Abschluss der Stromlieferungsvereinbarung einverstanden und erteilt die Befugnis, seine Verbrauchseinrichtung in dem vertraglich festgelegten Umfang zu steuern. Diese Steuerungsbefugnis nimmt der Lieferant stellvertretend für den Netzbetreiber entgegen und verpflichtet sich, die Erklärung des Letztverbrauchers an den Adressaten weiterzuleiten.

b) Preise

Der Stromlieferant kalkuliert seine Preise selbst und nennt diese im Stromliefervertrag. Die Netzentgeltreduzierung darf sich darin niederschlagen,

198 § 41 Abs. 1 S. 1 EnWG.

muss jedoch nicht in derselben Höhe weitergegeben und explizit genannt werden. Die Pflicht zu Benennung des Preisbestandteils, bestehenden aus den Netzentgelten, bestünde nur dann, wenn die Geltung der Stromgrundversorgungsverordnung in den Vertrag einbezogen wird[199]. Dies wird in der Praxis häufig gemacht, nicht zuletzt, weil die Stromlieferanten Jahre lang vor der Unsicherheit standen, ohne Anlehnung an die StromGVV ihre Preise in den laufenden Verträgen nicht anpassen zu können. Zwar wurde die entsprechende BGH-Rechtsprechung[200] verworfen[201]. Die GVV enthält jedoch noch weitere Vorschriften, die sich im Rahmen des AGB-Rechts nur schwer rechtssicher gestalten lassen. Durch die GVV haben sie jedoch einen verbindlichen Charakter, ohne dass ihre Wirksamkeit gerichtlich überprüft werden muss. Ein Stromlieferant würde somit abwägen, ob für ihn seine Preisgestaltung oder die Rechtssicherheit anderweitiger Klauseln Priorität hat. Eine andere gesetzliche Verpflichtung, die Netzentgeltreduzierung genau in der vom Netzbetreiber empfangenen Höhe an den Letztverbraucher weiterzugeben, besteht für einen Stromlieferanten nicht.

Dieses Ergebnis liegt vollständig in der konsequenten Trennung zwischen dem Markt und der Regulierung begründet. Noch bei der Einführung des § 14a EnWG im Jahr 2011 mag der direkte Anreiz der Letztverbraucher durch die Weitergabe der Netzentgeltreduzierung genau in der Höhe, die der Netzbetreiber für die Steuerungsbefugnis gewährt, angedacht gewesen sein. Nach den bewährten Grundsätzen der Liberalisierung des Endkundenmarkts war die Annahme, sofern der Letztverbraucher die Vorteile aus seiner Bereitschaft, seinen Strombedarf durch den Netzbetreiber steuern zu lassen, im Stromlieferungsvertrag transparent wiedererkennt, würde dies seine Motivation, Stromlieferungsverträge mit entsprechenden variablen Tarifen abzuschließen, steigern. Doch diesen Durchgriff auf den Markt hat der Gesetzgeber nicht vorgenommen. Stromlieferanten werden lediglich verpflichtet, nach § 40 Abs. 5 EnWG variable Tarife anzubieten. Wie sie dabei diese Tarife kalkulieren, ist in den üblichen kartellrechtlichen Grenzen dem Markt überlassen. Ein

---

199 In den Grundversorgungsverträgen sind die Netzentgelte nach § 2 Abs. 3 Nr. 5d) StromGVV gesondert auszuweisen.

200 BGH vom 15.07.2009 – VIII ZR 225/07.

201 EUGH vom 23.10.2014 AZ. C-359/11 und C-400/11; BGH vom 31.07.2013 – VIII ZR 162/09.

Stromlieferant, der die Netzentgeltreduzierung nicht vollständig und ohne weitere Dienstleistungsangebote (entsprechend solcher eines Aggregators) an den Endkunden weitergibt, wird von den Endkunden nicht zur Belieferung ihrer steuerbaren Verbrauchseinrichtungen gewählt. Der Stromlieferant konkurriert bei der Belieferung einer steuerbaren Verbrauchseinrichtung mit dem Aggregator, der dem Letztverbraucher Anreize aus einer gemischten Kalkulation, bestehend aus der Netzentgeltreduzierung nach § 14a EnWG, Gewinnen aus der Regelenergievermarktung und der Bilanzkreisoptimierung, bietet. Insofern würde das Interesse des Letztverbrauchers, aus seiner Bereitschaft, seine Verbrauchseinrichtungen in dem in der Steuerungsvereinbarung festgehaltenen Rahmen, fremdsteuern zu lassen, genau den Markt entstehen lassen, der für die Flexibilisierung des Letztverbrauchs erforderlich ist.

c) Vertragsdauer und Preisanpassung

Grundsätzlich dürfen die Verträge mit einer maximalen Vertragslaufzeit von 2 Jahren abgeschlossen werden, § 309 Nr. 9a BGB. Nach dem hier vorgestellten Vorschlag zur Gestaltung der Netzentgeltreduzierung würde dieser Preisbestandteil jährlich von der Regulierungsbehörde „bestätigt“, wobei damit kein Netzentgeltgenehmigungsverfahren nach §§ 32, 4 ARegV gemeint ist. Für die Kalkulation des Strompreises des variablen Tarifs des Lieferanten für die gesamte Vertragslaufzeit würde ein genauer Jahresbetrag und ein geschätzter Wert der Netzentgeltreduzierung zu Grunde gelegt werden müssen.

II. *Verträge für die Tätigkeit des Aggregators*

In diesem Abschnitt werden zunächst Prozesse aus dem vorgeschlagenen Modell in ihrer zeitlichen Reihenfolge aufgezeigt. Sodann werden alle in dieser Arbeit ausgearbeiteten Leistungen eines Aggregators zusammengefasst und anschließend der vertragliche Rahmen zur Erbringung dieser Leistungen gegenüber den Letztverbrauchern vorgeschlagen.

1. Prozesse im vorgeschlagenen Modell

Der Aggregator muss die bei ihm gebündelten Flexibilitäten so verwalten, dass er alle Handlungsschritte – zeitlich aufeinander abgestimmt – ergreifen und ggf. noch prüfen kann.

In der nachfolgenden Abbildung werden die Prozesse beim Abruf der Lasten durch den Netzbetreiber aufgezeigt, die dabei vorgeschlagenen Fristen sind an das Verfahren des Abrufs abschaltbarer Lasten nach der AbLaV angelehnt und gehen davon aus, dass der Netzbetreiber anhand der Wetterprognosen tatsächlich Aussagen zum Zustand seines Netzes treffen kann.

In der graphischen Darstellung sind die Mitteilungen nur an Letztverbraucher gerichtet. Wird der Letztverbraucher von einem Aggregator vertreten, so wird er auch mit der Kommunikation beauftragt. Auf die ausdifferenzierte Darstellung der Letztverbraucher und der bevollmächtigten Aggragatoren wird aus Vereinfachungsgründen verzichtet.

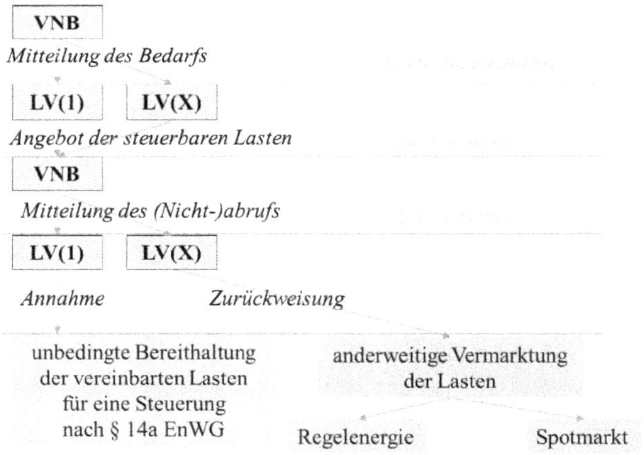

Abbildung 12: Reihenfolge der Mitteilungen im Prozess des Lastabrufs durch den Netzbetreiber

2. *Leistungen des Aggregators*

In der Arbeit wurden alle Leistungen herausgearbeitet, die ein Aggregator einem Letztverbraucher, der über eine steuerbare Verbrauchseinrichtung verfügt, anbieten kann. Zusammengefasst handelt es sich um folgende Leistungen, die optional angeboten und durch Letztverbraucher angenommen werden könnten:

- Abschluss des Netznutzungsvertrages im Namen des Letztverbrauchers und seine Abwicklung; Beanspruchung der Netzentgeltreduzierung;

- Abschluss der Steuerungsvereinbarung im Namen des Letztverbrauchers, Anpassung und Optimierung zwischen der Steuerungsbefugnis und der Netzentgeltreduzierung;
- Bilanzkreisbewirtschaftung;
- Nachrangige Vermarktung der steuerbaren Lasten als negative Regelenergie;
- ggf. Ausnutzung der Börsenpreise.

3. Vertraglicher Rahmen für die Umsetzung der Leistungen

Der Aggregator muss einerseits seine Dienstleistung auf dem Endkundenmarkt anbieten, andererseits seine unternehmerische Tätigkeit, die in der Vermarktung der Lasten besteht, bei anderen Marktteilnehmern, dem Verteilnetzbetreiber, dem Übertragungsnetzbetreiber, dem Lieferanten und dem Bilanzkreisverantwortlichen durch jeweilige Rahmenvereinbarungen regeln. Die für die Tätigkeit des Aggregators relevanten Rechtsbeziehungen sind in der nachstehenden Abbildung dargestellt.

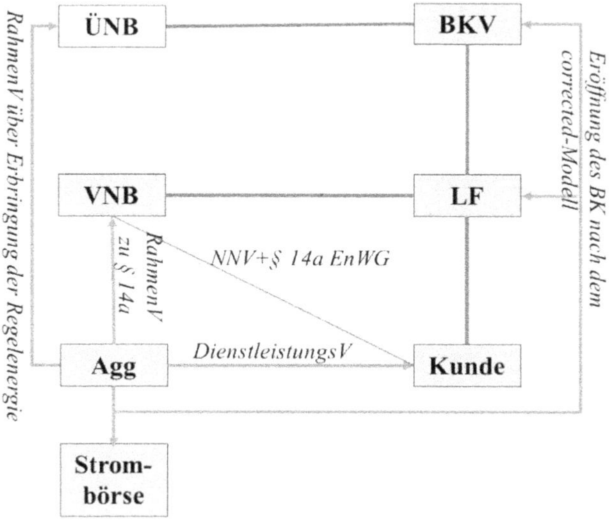

Abbildung 13: Verträge des Aggregators, vereinfachte Darstellung

a) *Dienstleistungsvertrag mit dem Letztverbraucher*

Entscheidend für die Tätigkeit des Aggregators ist, dass er von der Netzentgeltreduzierung profitieren kann. Das bedeutet, dass er nicht solche Letztverbraucher identifizieren will, die zu variablen Tarifen der Lieferanten beliefert werden. Denn die Lieferanten erhalten in diesen Fällen eine Netzentgeltreduzierung vom Verteilnetzbetreiber innerhalb der Abrechnung im Rahmen des Lieferantenrahmenvertrags, die unmittelbar auf das Netznutzungsentgelt angerechnet wird.

Die Adressaten der Aktivitäten des Aggregators sind Letztverbraucher, bei denen er entweder die Stromlieferungen selbst leistet oder für die er die Steuerungsvereinbarung abschließen kann.

Der Aggregator könnte seine Dienstleistung mit einer Pauschale bepreisen, die ausgehend von dem geschätzten Verbrauch berechnet wird. Die Dienstleistung besteht aus der Identifizierung des schaltbaren Potentials, der Vermittlung der erforderlichen Vertragsabschlüsse sowie ggf. aus der Datenkommunikation. Der Aggregator kann weitere finanzielle Vorteile aus der Vermarktung der freien Kapazitäten und der Bilanzkreisbewirtschaftung generieren. Die Höhe der Netzentgeltreduzierung könnte zwischen dem Aggregator und dem Letztverbraucher aufgeteilt werden. Beispiele gibt es hierfür aus den Energieeinsparcontracting-Modellen. Dies ließe sich am ehesten mit dem Abschluss des Netznutzungsvertrages durch den Aggregator für den Letztverbraucher kombinieren, damit die Netzentgeltreduzierung im richtigen Rechtsverhältnis ankommt, falls die Person des Lieferanten und die des Aggregators auseinanderfallen.

Wird der Letztverbraucher von einem Dritten mit Strom beliefert, so teilt der Letztverbraucher dem Aggregator den Lieferantennamen und seine Kunden-(bzw. Anschluss)nummer mit. Der Letztverbraucher ist damit einverstanden, dass der Aggregator beim Stromlieferanten den Bilanzkreisvertrag erfragt, in dem die Belieferung der steuerbaren Verbrauchseinrichtung erfasst ist.

b) *Verträge für die Abwicklung der Vermarktung von Flexibilitäten*

Der Netzbetreiber lässt einen Aggregator in seinem Netzgebiet die steuerbaren Verbrauchseinrichtungen bündeln.

Den Aggregator treffen dabei folgende Pflichten:

- Der Aggregator identifiziert die steuerbaren Verbrauchseinrichtungen, stellt ihre Geeignetheit für Lastmanagement in der Niederspannung fest und unterbreitet gegenüber deren Besitzern Angebote zum Abschluss der Steuerungsvereinbarung mit dem Netzbetreiber. Das Angebot muss alle Vorgaben des Netzbetreibers wiederspiegeln.
- Der Aggregator sichert zu, das Vorliegen der Voraussetzungen für eine steuerbare Verbrauchseinrichtung im Sinne der Steuerungsvereinbarung überprüft zu haben. Auf Anweisung des Netzbetreibers führt der Aggregator eine Testschaltung durch.
- Der Aggregator überprüft regelmäßig die informationstechnische Anbindung der steuerbaren Verbrauchseinrichtung. Über Störungen informiert der Aggregator den Netzbetreiber unverzüglich, spätestens 30 Minuten seit ihrem Auftreten, falls der Fehler nicht innerhalb der ersten 15 Minuten behoben werden konnte. Die Beseitigung der Störung wird sofort mitgeteilt.
- Der Aggregator erwirbt die gesamte Hard- und Software zur Vermarktung der Flexibilitäten.

(1) *Vertrag mit dem Netzbetreiber über den Einsatz der Last als eine steuerbare Last i.S.d. § 14a EnWG.*

Der Netzbetreiber muss für alle Dienstleister, die ihm Lasten im Sinne des § 14a EnWG anbieten, Rahmenverträge abschließen. In den Rahmenverträgen muss das Bereithalten der Verbrauchseinrichtung für eine Steuerung nach Vorgaben des Netzbetreibers, geregelt werden. Ebenso wird das Abrufverfahren festgelegt und die Bedingungen des Zustandekommens eines Einzelvertrages beim Abruf einschließlich der Vergütungsfindung in Form des Arbeitspreises pro Abruf geregelt.

Im Anhang 1 zu dieser Abhandlung ist ein Vorschlag für einen Rahmenvertrag über die Bereitstellung der steuerbaren Lasten im Sinne des § 14a EnWG enthalten. Der Vertragsvorschlag ist aus dem in der Praxis angewandten Modell der Ausschreibungen der ÜNB für die Erbringung von Abschaltleitungen aus abschaltbaren Lasten auf die Regelung des § 14a EnWG übertragen.

(2) *Vereinbarung mit dem Übertragungsnetzbetreiber über die Bereithaltung und Abruf der Lasten als Regelenergie*

Die Vorgaben zur Teilnahme am Regelenergiemarkt gehen vom Übertragungsnetzbetreiber gemäß den Festlegungen der Bundesnetzagentur.

Der Aggregator muss seine Tätigkeit im Netzgebiet des Netzbetreibers anzeigen. Dabei muss er seine Zuverlässigkeit nachweisen.

Ferner muss er die Verbrauchseinrichtungen sowie ihre Steuerungsvorrichtungen auf ihre Geeignetheit als Steuerungsinstrument für den Verteilnetzbetreiber sowie für die Teilnahme am Regelenergiemarkt im Vorfeld testen.

Der Aggregator führt das Präqualifikationsverfahren für die steuerbare Verbrauchseinrichtung des Letztverbrauchers durch. Der Letztverbraucher ist dabei zu Mitwirkung, z.B. durch Herausgabe von Informationen, Daten, Einräumung des Zutrittsrechts zur Begehung der steuerbaren Verbrauchseinrichtung, zur Ausstattung mit Messeinrichtungen verpflichtet.

Die Ausstattung der steuerbaren Verbrauchseinrichtung mit einer intelligenten Messeinrichtung erfolgt auf Kosten des Letztverbrauchers. Mit den Kosten für die Anbindung an das Kommunikationssystem darf der Letztverbraucher im Übrigen nicht belastet werden.

(3) *Vereinbarung über die Eröffnung des Bilanzkreises*

Nachfolgend werden Klauseln vorgeschlagen, die in eine Vereinbarung über Öffnung des Bilanzkreises nach § 26a StromNZV gemäß der Festlegung der Bundesnetzagentur ab dem 01.01.2018 aufzunehmen sind[202].

In die Lieferverträge sind ab dem 01.01.2018 Regelungen aus der Festlegung der Bundesnetzagentur BK6-17-046 vom 14.09.2017 aufzunehmen, sofern die Regelleistungserbringung nicht in der Vereinbarung zwischen dem Letztverbraucher und seinem Stromlieferanten ausgeschlossen ist[203]. Anhang 2 zu dieser Abhandlung enthält einen Vorschlag für eine Ergänzung zum Liefervertrag mit der Vereinbarung über die Öffnung des Bilanzkreises nach § 26a EnWG. Der Inhalt und, soweit erforderlich, der Wortlaut des

202 BNetzA BK6-17-046 vom 14.09.2017, Tenorziff. IV.

203 BNetzA, Beschluss BK6-17-046 vom 14.09.2017, Tenorziff. III.

Vorschlags ist unmittelbar der Festlegung BK6-17-046 vom 14.09.2017 entnommen.

Die Festlegung trifft keine Entscheidung zur Höhe des angemessenen Entgelts[204] (§ 9 des Anhangs 2 zur Abhandlung) für den entstandenen Aufwand. Es sei eine Frage, die in den Markt eingreift. Für diesen Eingriff gibt es jedoch keine ausreichende Rechtfertigung, da die Preise sich auf dem Markt bilden können. Auf der Seite des Lieferanten sieht die BNetzA das Interesse, nicht zu hohe Preise zu verlangen darin, den Letztverbraucher als Kunden zu behalten. Auf der Seite des Letztverbrauchers stünde die Entscheidung, seine Technische Einheit auf dem Regelenergiemarkt teilnehmen zu lassen. In diese Entscheidung kann er alle Einzelpunkte, darunter auch den Preis des Lieferanten, einbeziehen. Insofern sei für einen regulierenden Eingriff bei der Preisbestimmung kein Raum.

c) Handeln an der Strombörse

Für das Handeln an der Strombörse werden die Rahmenbedingungen von der Strombörse vorgegeben.

204 BNetzA, Beschluss BK6-17-046 vom 14.09.2017, S. 12.

Fazit

Die Steuerung von steuerbaren Verbrauchseinrichtungen durch Verteilernetzbetreiber in der Niederspannung gemäß einer Vereinbarung nach § 14a EnWG stellt einen sehr kleinen Ausschnitt aus den aktuellen Entwicklungen auf dem Strommarkt dar. Obwohl die Norm seit 2011 existiert, wird sie noch nicht als ein Instrument zur Integration der Einspeisung volatil erzeugten Stroms ins Netz umgesetzt. Zunächst kann dies nicht ohne intelligente Messeinrichtungen und eine smarte Kommunikation erfolgen. Ferner fehlen noch Rahmenbedingungen, die einerseits die Netzseite regulieren, andererseits die Marktseite genügend anreizen. Wichtig ist, auf der Seite des Marktes die Rolle des Aggregators zuverlässig zu etablieren, der die Lasten bündelt und vermarktet. Ohne diese Rolle wird § 14a EnWG nicht die Letztverbraucher erreichen, auf deren Abnahmeverhalten es bei der Flexibilisierung der Verbraucherseite ankommt. Smarte Mess- und Kommunikationswelt vorausgesetzt, fehlen zur Umsetzung eines solchen Aggregator-Modells nur wenige standardisierte Vereinbarungen zwischen den Marktbeteiligten.

Anhang 1: Rahmenvertrag über die Bereitstellung der steuerbaren Lasten im Sinne des § 14a EnWG

zwischen

Anbieter

nachfolgend „Anbieter“ genannt

und

Anschluss-NB

nachfolgend „Anschluss-NB“ genannt

nachfolgend einzeln oder zusammen „Vertragspartner“ genannt

Präambel[205]

Netzbetreiber sind u.a. verpflichtet, ein sicheres, zuverlässiges und leistungsfähiges Netz zu betreiben. Nach § 14a EnWG haben Verteilnetzbetreiber reduziertes Netzentgelt zu berechnen, sofern ihnen im Gegenzug die Befugnis zu einer netzdienlichen Steuerung von steuerbaren Verbrauchseinrichtungen eingeräumt wird. Die steuerbaren Verbrauchseinrichtungen, die der Anbieter zur Steuerung anbietet, der Anbieter selbst und seine Pools müssen präqualifiziert sein. Die Vorhaltung und der Abruf von steuerbaren Lasten richten sich nach diesem Rahmenvertrag.

205 Einzelne Punkte sind dem Rahmenvertrag über die Vergabe von Aufträgen zur Erbringung von Abschaltleistungen aus abschaltbaren Lasten, abrufbar unter www.regelleistung.net, entnommen. Die neu hinzugefügte oder geänderte Klausel berücksichtigen die Besonderheiten des § 14a EnWG.

§ 1 Vertragsgegenstand

1. Dieser Vertrag regelt die Unterteilung der steuerbaren Lasten in unterschiedlich abrufbare Scheiben sowie die Berechnung der Netzentgeltreduzierung durch den Anschluss-NB.
2. Dieser Rahmenvertrag kommt erst zustande, sobald der Anbieter die Unterlagen für seine Präqualifikation dem Anschluss-NB überreicht und der Anschluss-NB die Erfüllung der Präqualifikationsanforderungen durch den Anbieter bestätigt.
3. Der Abruf der Leistung richtet sich nach § 3 des Rahmenvertrages. Bestätigt der Anschluss-NB das Angebot des Anbieters, kommt ein Einzelvertrag über die konkrete Last zustande.

§ 2 Präqualifikation beim Anschluss-NB

a) Technische Geeignetheit der Verbrauchseinrichtung
Die Verbrauchseinrichtung ist mit einer Mess- und einer Steuerungsvorrichtung ausgestattet. Der Anbieter muss eine Testphase des Kommunikationsverfahrens mit dem Anschluss-NB durchlaufen haben.
Die Verbrauchseinrichtung kann für die Dauer von mindestens 15 Minuten ganz oder teilweise abgeschaltet werden. Die Abschaltung ist innerhalb von mindestens 5, maximal 30 Minuten möglich.
Das Pool des Anbieters, das zu einer gleichzeitigen Steuerung angeboten wird, muss eine Mindestleistung von 0,5 MW erreichen. Die Mindestleistung kann durch Bündelung mehrerer Verbrauchseinrichtungen in sog. Pools des Anbieters erreicht werden.
Jede Verbrauchseinrichtung, deren Steuerung dem Anschluss-NB überlassen wird, muss mittels eines Zählpunktes einem Bilanzkreis zugeordnet sein.

b) Aufrechterhalten der Präqualifikationsvoraussetzungen
Die vom Anbieter beigebrachten Unterlagen sowie die Erklärung des Anschluss-NB sind Bestandteile des Vertrags. Ändert sich die technische Ausstattung des Anbieters durch Aufnahme neuer, Wegfall bestehender Verbrauchseinrichtungen, so muss der Anbieter dem Anschluss-NB alle Änderungen mitteilen. Der Anschluss-NB bestätigt die fortbestehende Geeignetheit der Verbrauchseinrichtung und des Pools in Textform. Erst dann erstreckt sich der Rahmenvertrag auf die Änderungen.

Der Anbieter ist verpflichtet, die fortwährende Einhaltung der Anforderungen an die Verbrauchseinrichtung zu überprüfen.

Die Geeignetheit der Verbrauchseinrichtungen zur Teilnahme an der Erbringung steuerbarer Lasten wird in Protokollen nachgewiesen. Die Protokolle müssen alle 12 Monate erneuert werden. Wechselt eine Verbrauchseinrichtung mit einem vorhandenen Protokoll in das Pool des Anbieters, so muss er die Angaben im Protokoll erneut bestätigen. Die 12-Monats-Frist läuft dann ab der Bestätigung des Anbieters.

Der Anschluss-NB hat das Recht, vom Anbieter Stichproben über die richtige technische und kommunikationsinformatorische Einbindung der einzelnen steuerbaren Verbrauchseinrichtungen zu verlangen. Alternativ kann der Anschluss-NB die Einhaltung der Anforderungen selbst beim Besitzer der steuerbaren Verbrauchseinrichtung überprüfen. Der Anbieter wirkt bei der Abfrage der Zugangsberechtigung mit.

c) Voraussetzungen für die Abwicklung

Der Anbieter muss einen Bilanzkreis unterhalten, über den er den Einsatz von Flexibilitäten abwickelt.

Sollte die steuerbare Verbrauchseinrichtung einem anderen Bilanzkreis zugeordnet sein, so bestätigt der Anbieter, dass er den Abruf und die Vergütung mit dem zuständigen Bilanzkreisverantwortlichen vereinbart hat.

§ 3 Abrufverfahren

Der Anschluss-NB erklärt den Bedarf an Steuerung am Tag D-7, wobei der Tag D den Tag des Einsatzes der Last darstellt. Der erklärte Bedarf kann bis zum Tag D-2 14:00 Uhr angepasst werden.

Die Ankündigung des Bedarfs muss Angaben enthalten über:

a) Bedarfszeitraum
b) Höhe der abgefragten Leistung
c) Mindestangebotsgröße und Maximalangebotsgroße
d) Fristablauf für Abgabe von Angeboten durch Anbieter
e) Mindest- und Maximalhöhe des Arbeitspreises

Ab Verkündung des Bedarfs durch den Anschluss-NB dürfen Anbieter ihre Angebote mit der eigenen Preisangabe abgeben. Das jeweilige Angebot muss das Pool und die einzelnen teilnehmenden Verbrauchseinrichtungen mit Angaben von Stammdaten und den dazugehörigen Bilanzkreis bezeichnen.

Der Anbieter bestätigt die Vollständigkeit und Richtigkeit seiner Angaben.

Jede Verbrauchseinrichtung darf nur einmal in dem abgefragten Zeitraum angeboten werden.

Die Entscheidung des Anschluss-NB erfolgt nach wirtschaftlichen Kriterien. Folgende Kriterien sind in der Reihenfolge ihrer Nennung zu berücksichtigen: 1. Niedrigster Arbeitspreis, 2. Bei Gleichheit der Arbeitspreise: bessere systemtechnische Wirksamkeit, 3. Bei Gleichheit der Arbeitspreise und der systemtechnischen Wirksamkeit: längerer zurückliegender Zeitraum des letzten Abrufs.

Ändert sich der Bedarf des Anschluss-NB noch vor Ablauf der Angebotserteilungsfrist, so dürfen die Angebote auch für den geringeren Bedarf berücksichtigt werden. Erhöht sich der Bedarf, so ist eine erneute Ankündigung des Bedarfs durch den Anschluss-NB erforderlich.

Der Anbieter ist an sein Angebot gebunden bis der Anschluss-NB ihm die Nichtannahme des Angebots mitgeteilt hat. Während dieser Zeit darf der Anbieter über die ihm angebotenen Lasten nicht anderweitig verfügen.

§ 4 Vorhaltung und Erbringung

Der Anbieter ist verpflichtet, für die Dauer des Abrufs die angebotene Leistung vollständig und ausschließlich für den Anschluss-NB vorzuhalten.

30 Minuten vor Beginn des Erbringungszeitraums muss der Anbieter für den Anschluss-NB erreichbar sein.

§ 5 Abrechnung

Der Anschluss-NB erstellt für jeden Kalendermonat eine Abrechnung.

Sowohl die Regelung sonstiger allgemeiner als auch einzelfallbezogener Klauseln ist von den Parteien vorzunehmen.

Anhang 2: Vorschlag einer Ergänzung zum Liefervertrag zur Vereinbarung über Öffnung des Bilanzkreises nach § 26a EnWG gemäß dem sog. Aggregator-Modell der Bundesnetzagentur

(1) **Anzeige des Letztverbrauchers über Teilnahme seiner technischen Einheit am Regelenergiemarkt**

<u>Anmerkungen:</u> Der Mindestinhalt ergibt sich aus der Festlegung der BNetzA BK6-17-046 vom 14.09.2017, Ziff. III.1b).

Der Letztverbraucher zeigt die Teilnahme seiner technischen Einheit am Regelenergiemarkt 6 Wochen vor dem Beginn der ersten Bereitschaft an. Er teilt dabei folgende Daten mit:

- Ansprechpartner beim Letztverbraucher mit Kontaktdaten (E-Mail-Adresse, Telefonnummer, Faxnummer)
- Technische Einheit
- Marktlokations-ID
- die für die Bestimmung der Baseline und der Delta-Arbeit verwendete Mess- oder Steuereinrichtung (Messlokations-ID)
- Regelenergieart (Sekundärregelleistung, Minutenreserve oder beides)
- für jede Regelenergieart: positive oder negative Regelleistung oder beides
- Nachholklasse (1 = gesichert kein Nachholeffekt, 2 = evtl. Nachholeffekt)
- Vorbehalt des Ausschlusses des steuernden Zugriffs während der Bereitschaftszeit oder des Abrufzeitraums
- Bilanzkreis, über den die Bilanzkreiskorrektur erfolgt
- Kontaktdaten des Verantwortlichen für diesen Bilanzkreis (Ansprechpartner, E-Mail-Adresse, Telefonnummer, Faxnummer)
- Musterdatei für Zeitreihe Korrekturfahrplan

(2) Beantwortung der Anzeige des Letztverbrauchers durch den Lieferanten; Baseline

Der Lieferant teilt dem Letztverbraucher innerhalb von 4 Wochen nach Zugang der Mitteilung, ob er die Vermarktung akzeptiert. Der Lieferant darf die Mitteilung des Letztverbrauchers nur zurückweisen, wenn dies zwischen den Parteien vertraglich ausgeschlossen wurde oder die Angaben des Letztverbrauchers falsch oder unvollständig sind. Der Lieferant teilt dem Letztverbraucher mit

- Ansprechpartner mit Kontaktdaten
- Bilanzkreis, mit dem der Bilanzkreisausgleich durchgeführt werden soll, dessen Bilanzkreisverantwortlichen inkl. Ansprechpartner mit Kontaktdaten.

Der Lieferant darf die Übermittlung der Baseline und der Verbrauchsleistung für den Abrufzeitraum in viertelstündiger Auflösung verlangen. Ändern sich die Angaben, so teilen die Vertragspartner die Veränderungen spätestens zwei Wochen vor Umsetzung der Änderung mit.

Die Baseline richtet sich nicht nur nach dem erwarteten Verbrauchsverhalten der fraglichen Technischen Einheit, sondern nach allen erfassten Verbrauchs- und Erzeugungseinrichtungen, die der Marktlokation zugehören[206].

(3) Kommunikationsweg für die Mitteilungen nach (1) und (2)

Der Kommunikationsweg wird zwischen den Parteien vereinbart und wie folgt festgehalten:

_________ (bitte den gewählten Kommunikationsweg eintragen).

(4) Fiktion der Lieferung durch den Lieferanten beim Abruf der Regelenergie

4.1. Für jede Viertelstunde des Abrufzeitraums gilt die der Baseline entsprechende Energiemenge als vom Lieferanten an den Letztverbraucher geliefert. Soweit die Entnahme von Energie durch den Letztverbraucher geringer ist als die Baseline (positive

206 BNetzA, Beschluss BK6-17-046 vom 14.09.2017, S. 16.

Regelleistung), erfolgt die Lieferung durch nachträgliche Fahrplananpassung.
Soweit die Entnahme von Energie durch den Letztverbraucher höher ist als die Baseline (negative Regelleistung), gelten auch diese zusätzlichen Mengen als vom Lieferanten geliefert.

4.2. Der Letztverbraucher trägt die Verantwortung für die korrekte Ermittlung der Baseline.

(5) **Vorgehen bei Online-Bewirtschaftung**
Im Falle der Online-Bewirtschaftung teilt der Letztverbraucher über die vom Lieferanten mitgeteilte Kommunikationsschnittstelle bei Abruf in Echtzeit mit:

- Abrufleistung je Technischer Einheit
- Abrufbeginn je Technischer Einheit (inkl. Rampe)
- Abrufende je Technischer Einheit (inkl. Rampe)
- Korrekturinformationen bei unerwarteten Veränderungen

(6) **Verhalten des Lieferanten während des Abrufs der Regelenergie**
Hat der Letztverbraucher bei seiner Mitteilung nach (1) verlangt, dass der Lieferant während des Vorhaltezeitraums oder des Abrufzeitraums nicht steuernd auf die Technische Einheit zugreifen und keine Steuerungshandlungen von ihm verlangen darf, so teilt der Letztverbraucher unverzüglich den Beginn und das Ende der Vorhaltung oder des Abrufs mit.

(7) **Nachträgliche Fahrplanänderung**

7.1. Der Letztverbraucher hat sicherzustellen, dass der Bilanzkreis des Bilanzkreisverantwortlichen für die Viertelstunden des Abrufzeitraums so gestellt wird, wie er unter Berücksichtigung der Baseline stünde, wenn es die Anpassung der Leistung der Technischen Einheit aufgrund des Abrufs nicht gegeben hätte.
Der Bilanzkreisausgleich erfolgt durch eine nachträgliche korrespondierende Fahrplanänderung. Der Letztverbraucher übermittelt spätestens vier Stunden vor dem Zeitpunkt, ab dem der Übertragungsnetzbetreiber keine nachträgliche Fahrplananmeldung für den betroffenen Zeitraum mehr akzeptiert, einen Fahrplan an den Lieferanten. Lieferant und Letztverbraucher tragen

dafür Sorge, dass rechtzeitig korrespondierende nachträgliche Fahrplanänderungen vorgenommen werden.

7.2. Hat der Lieferant in der Mitteilung nach (2) die Übermittlung der Baseline und der Verbrauchsleistung verlangt, so übermittelt der Letztverbraucher diese Angaben innerhalb derselben Frist.

7.3. Der Letztverbraucher ist verantwortlich für die korrekte Bestimmung der Verbrauchsleistung.

(8) Korrektur des Bilanzkreises, Zahlungspflichten

8.1. Der Bilanzkreisausgleich erfolgt für jede Viertelstunde vorzeichenrichtig aus Sicht des Bilanzkreisverantwortlichen in Höhe der Delta-Arbeit. Bei negativer Delta-Arbeit wird Energie aus dem Bilanzkreis des Bilanzkreisverantwortlichen herausgebucht, bei positiver Delta-Arbeit wird Energie in den Bilanzkreis des Bilanzkreisverantwortlichen hineingebucht.

8.2. Der Bilanzkreisausgleich wird mit dem Bilanzkreisausgleich für andere Technische Einheiten, die vom selben oder anderen Letztverbrauchern genutzt werden, gemeinsam und aggregiert durchgeführt, wenn die Entnahmestellen demselben Bilanzkreis zugeordnet sind und der Bilanzkreisausgleich aus demselben Bilanzkreis erfolgt.

8.3. Im Fall von positiver Regelleistung hat der Letztverbraucher für die Delta-Arbeit (ohne Vorzeichen, DA) dem Lieferanten den vereinbarten Kaufpreis ohne externe Preisbestandteile zu zahlen.
Im Fall von negativer Regelleistung hat der Letztverbraucher für die Delta-Arbeit (DA) lediglich die externen Preisbestandteile zu zahlen. Für die übrige entnommene Energie ist der vereinbarte Kaufpreis einschließlich der externen Preisbestandteile zu zahlen.
Maßgeblich für die Bestimmung der Höhe der externen Preisbestandteile ist die an der Marktlokation entnommene Energiemenge oder Leistung bzw. der Letztverbrauch.

(9) Angemessenes Entgelt

Vgl. hierzu die Ausführungen oben Teil 5, C., II.,3. b), (3).

Abbildungsverzeichnis

Literaturverzeichnis

BDEW: Energievertriebe 2030 digital, dezentral, flexibel – der Kunde im Mittelpunkt, Juni 2016, abrufbar unter https://www.bdew.de/internet.nsf/res/134BF147D997AD78C1257FDA0035DAC5/$file/BDEW%20RS-16-004_Langfassung_RZ_ES_21062016.pdf, Abrufdatum 03.12.2017 (zitiert: bdew, Energievertriebe 2030).

BDEW: BDEW-Roadmap, Realistische Schritte zur Umsetzung von Smart Grids in Deutschland vom 11.02.2013, abrufbar unter https://www.bdew.de/internet.nsf/id/816417E68269AECEC1257A1E0045E51C/$file/Endversion_BDEW-Roadmap.pdf, Abrufdatum 03.12.2017 (zitiert: bdew, BDEW-Roadmap zur Umsetzung von Smart Grids).

BDEW: Positionspapier des bdew vom 5. September 2013, § 14a EnWG: Konkretisierung der Aggregationsebene und Verzahnung mit Netzausbau, abrufbar unter https://www.bdew.de/internet.nsf/id/45C9F0467F50B9DEC1257BE200300131/$file/20130905_BDEW_Par14aEnWG_Aggregationsebene_Netzausbau.pdf, Abrufdatum 3.12.2017 (zitiert: bdew, Konkretisierung der Aggregationsebene, Positionspapier, 5.09.2013).

VDN e.V., VWEW: Lastprofile für unterbrechbare Verbrauchseinrichtungen – Praxisleitfaden (LPuVe), 1. Ausgabe, Frankfurt am Main 2003.

Booz, Marco: Die Digitalisierung der Energiewirtschaft unter besonderer Berücksichtigung des Verhältnisses zwischen Netz- und Marktebene, N&R 2017, 130 ff.

Britz, Gabriele/ Hellermann, Johannes/ Hermes, Georg: Energiewirtschaftsgesetz, Kommentar, 3. Auflage, München 2015 (zitiert: Britz/Hellermann/Hermes/Bearbeiter, EnWG).

Brunner, Christoph: Berücksichtigung von Flexibilität im zukünftigen Strommarktdesign, energiewirtschaftliche tagesfragen 2014, 8ff.

Büchner, Jens/Hörnig, Philipp/Nikogosian, Vigen/Sundekötter, Malte/Thielmann, Karsten/Wolffram, Peter: Mehr Flexibilität in der Ausgestaltung der Strom-Netzentgelte – Instrumente eines zukunftsgerichteten Netzentgeltsystems, energiewirtschaftliche tagesfragen 2016, S. 13 ff.

Bundesnetzagentur: Beschlusskammer 6, BK6-10-98, Festlegungsverfahren zu den Ausschreibungsbedingungen und Veröffentlichungspflichten für Sekundärregelleistung, Beschluss vom 12.04.2011.

Bundesnetzagentur: Beschlusskammer 6, BK6-10-099, Festlegungsverfahren zu den Ausschreibungsbedingungen und Veröffentlichungspflichten für Minutenreserve vom 18.10.2011.

Bundesnetzagentur: Positionspapier zur Wahrnehmung der Pflichten nach § 4 Abs. 2 StromNZV und Ziffer 5.2. des Standardbilanzkreisvertrages durch die Bilanzkreisverantwortlichen, BK6-13-104 vom 16.09.2013.

Bundesnetzagentur: „Smart Grid" und „Smart Market", Eckpunktepapier der Bundesnetzagentur zu den Aspekten des sich veränderten Energieversorgungssystems, Dezember 2011, abrufbar unter https://www.bundesnetzagentur.de/SharedDocs/Downloads/DE/Sachgebiete/Energie/Unternehmen_Institutionen/NetzzugangUndMesswesen/SmartGridEckpunktepapier/SmartGridPapierpdf.pdf?__blob=publicationFile, Abrufdatum 3.12.2017 (zitiert: BNetzA, Eckpunktepapier „Smart Grid" und „Smart Market").

Bundesnetzagentur: Evaluierungsbericht zu den Auswirkungen des § 19 Abs. 2 StromNEV auf den Betrieb von Elektrizitätsversorgungsnetzen, Evaluierungsbericht gemäß § 32 Abs. 11 StromNEV vom 30.05.2015 (zitiert: BNetzA, Evaluierungsbericht zu den Auswirkungen des § 19 Abs. 2 StromNEV).

Bundesnetzagentur: Flexibilität im Stromversorgungssystem. Bestandsaufnahme, Hemmnisse und Ansätze zur verbesserten Erschließung von Flexibilität. Diskussionspapier vom 03.04.2017, abrufbar unter https://www.bundesnetzagentur.de/SharedDocs/Downloads/DE/Sachgebiete/Energie/Unternehmen_Institutionen/NetzentwicklungUndSmartGrid/BNetzA_Flexibilitaetspapier.pdf?__blob=publicationFile&v=1, Abrufdatum 03.12.2017 (zitiert: BNetzA, Flexibilität in der Stromversorgung)

Bundesnetzagentur: Beschlusskammer 6, BK6-17-046, Beschluss zur Festlegung zur Regelung der Erbringung von Sekundäreregelleistung und Minutenreserve durch Letztverbraucher in Stromlieferverträgen vom 14.09.2017 (zitiert: BNetzA BK6-17-046 vom 14.09.2017).

Bundesministeriums für Wirtschaft und Energie: Ein Strommarkt für die Energiewende, Ergebnispapier des Bundesministeriums für Wirtschaft und Energie (Weißbuch), Juli 2015, abrufbar unter http://www.bmwi.de/Redaktion/DE/Publikationen/Energie/weissbuch.

pdf?__blob=publicationFile&v=29, Abrufdatum 03.12.2017 (zitiert: BMWi, Weißbuch).

Bundesministeriums für Wirtschaft und Technologie: Monitoring-Bericht des Bundesministerieums für Wirtschaft und Technologie nach § 51 EnWG zur Versorgungssicherheit im Bereich der leitungsgebundenen Versorgung mit Elektrizität, Januar 2011, abrufbar unter https://www.bmwi.de/Redaktion/DE/Publikationen/Energie/monitoringbericht-versorgungssicherheit-bereich-leitungsgebundene-versorgung-elektrizitaet.pdf?__blob=publicationFile&v=3, Abrufdatum 3.12.2017 (zitiert: BMWi, Monitoring-Bericht zur Versorgungssicherheit, Januar 2011).

Bundesministeriums für Wirtschaft und Energie: Ein Strommarkt für die Energiewende, Diskussionspapier des Bundesministeriums für Wirtschaft und Energie (Grünbuch), Oktober 2014, abrufbar unter http://www.bmwi.de/Redaktion/DE/Downloads/G/gruenbuch-gesamt.html, Abrufdatum 03.12.2017 (zitiert: BMWi, Grünbuch).

Bundesministerium für Wirtschaft und Energie, Bundesamt für Sicherheit in der Informationstechnik: Smart Metering – Datenschutz und Datensicherheit auf höchstem Niveau, abrufbar unter http://www.bmwi.de/BMWi/Redaktion/PDF/S-T/smart-metering,property=pdf,bereich=bmwi,sprache=de,rwb=true.pdf, Abrufdatum 03.12.2017 (zitiert: BMWi, Smart Metering – Datenschutz und Datensicherheit auf höchstem Niveau).

Bundesregierung: Das Energiekonzept: Deutschlands Weg zu einer bezahlbaren, zuverlässigen und umweltschonenden Energieversorgung, abrufbar unter https://www.bundesregierung.de/Content/DE/StatischeSeiten/Breg/Energiekonzept/auftakt.html, Abrufdatum 3.12.2017 (zitiert: Bundesregierung, Das Energiekonzept, 2010).

Bundesregierung: Energiewendebeschlüsse vom 30.06.2011, BT DS 17/6070, BT DS 17/6363, BT DS 17/6365 und weitere, abrufbar unter https://www.bundestag.de/dokumente/textarchiv/2011/34915890_kw26_angenommen_abgelehnt/205788, Abrufdatum 3.12.2017 (zitiert: Bundesregierung, Energiewendebeschlüsse vom 30.06.2011).

Bundesregierung: Regierungsprogramm Elektromobilität, Mai 2011, abrufbar unter https://www.bmbf.de/files/programm_elektromobilitaet(1).pdf, Abrufdatum 3.12.2017 (zitiert: Regierungsprogramm Elektromobilität).

Busch, *Claudia*: Demand Side Management / Rechtliche Aspekte der Vermarktung flexibler Lasten in der Stromwirtschaft, Baden Baden 2017 (zitiert: Busch, Demand Side Management).

Danner, *Wolfgang/Theobald*, *Christian*: Energierecht Kommentar, Bd. 1, München 2017, lose Blattsammlung Stand 93. Lieferung (zitiert: Danner/Theobald/Bearbeiter).

Deutsche Energie-Agentur GmbH: dena-Verteilnetzstudie. Ausbau- und Innovationsbedarf der Stromverteilnetze in Deutschland bis 2030, 11.12.2012, abrufbar unter https://shop.dena.de/fileadmin/denashop/media/Downloads_Dateien/esd/9100_dena-Verteilnetzstudie_Abschlussbericht.pdf, Abrufdatum 03.12.2017 (zitiert: dena-Verteilnetzstudie).

Deutsche Energie-Agentur GmbH: Dena-Studie: Roadmap Demand Side Management. Industrielles Lastmanagement für ein zukunftsfähiges Energiesystem. Schlussfolgerungen aus dem Pilotprojekt DSM Bayern. 06/2016, abrufbar unter https://shop.dena.de/fileadmin/denashop/media/Downloads_Dateien/esd/9146_Studie_Roadmap_Demand_Side_Management..pdf, Abrufdatum 3.12.2017 (zitiert: dena-Studie Roadmap Demand Side Management).

Deutsche Energie-Agentur GmbH: Ergebnispapier „Marktrollen und Prozesse beim Einsatz von flexiblen Stromlasten im Energiesystem“, 12/2013 (zitiert: dena-Ergebnispapier „Marktrollen und Prozesse beim Einsatz von flexiblen Stromlasten im Energiesystem“).

Dütschke, *Elisabeth / Unterländer*, *Michael / Wietschel*, *Martin*: Variable Stromtarife aus Kundensicht – Akzeptanzstudie auf Basis einer Conjoint-Analyse, Karlsruhe 2012, abrufbar unter http://www.isi.fraunhofer.de/isi-wAssets/docs/e-x/working-papers-sustainability-and-innovation/WP01-2012_Dynamische-Stromtarife_final_v1.pdf, Abrufdatum 3.12.2017 (zitiert: Dütschke/Unterländer/Wietschel, Variable Stromtarife aus Kundensicht).

Ecofys Germany GmbH, Prognos AG im Auftrag des Bundesministeriums für Wirtschaft und Technologie: BMWi Vorhaben Nr. 50/10, Potentiale der Wärmepumpe für Lastmanagement im Strommarkt und zur Netzintegration Erneuerbarer Energien, 31. Oktober 2011, abrufbar unter https://www.ecofys.com/files/files/ecofys_2011_potenziale_der_waermepumpe.pdf, Abrufdatum 3.12.2017 (zitiert: Ecofys, Potentiale der Wärmepumpe).

INEES Intelligente Netzanbindung von Elektrofahrzeugen zur Erbringung von Systemdienstleistungen – INEES, bestehend aus Frauenhofer IWES, LichtBlick SE, SMA Solar Technology AG, Volkswagen AG, gefördert durch das Bundesministerium für Umwelt, Naturschutz, Bau und Reaktorsicherheit, abrufbar unter https://lbsflibraries.blob.core.windows.net/sflibs/docs/default-source/schwarminnovationen/inees_abschlussbericht.pdf, Abrufdatum 3.12.2017 (zitiert: Projekt INEES Abschlussbericht).

Horstmann/Buchholz: Viertelstunden-Intraday-Handel entlastet die Netze, ew 2014, 38.

Klobasa, *Marian*: Dynamische Simulation eines Lastmanagements und Integration von Windenergie in ein Elektrizitätsnetz auf Landesebene unter regelungstechnischen und Kostengesichtspunkten, 2007.

Kühling, *Jürgen/Klein*, *Carolin*: Rechtswissenschaftliches Kurzgutachten „Übersicht gesetzlicher Rahmenbedingungen für Demand Side Management", in der Fassung vom 29.02.2016, abrufbar unter http://www.dsm-bayern.de/fileadmin/content/Downloads/Begleitforschung/160301_Kuehling-Klein-Gutachten-DSM-14-12-22-aktualisiert.pdf, Abrufdatum 3.12.2017 (zitiert: Kühling/Klein, Übersicht gesetzlicher Rahmenbedingungen für Demand Side Management).

Kühling, *Jürgen/Klein*, *Carolin/Busch*, *Claudia*: Demand-Side-Management und Energieregulierung – Vorbild „Lastabschaltverordnung"?, energiewirtschaftliche tagesfragen 2016, 59 ff. (zitiert: Kühling/Klein/Busch, Demand Side Management und Energieregulierung, et 2016, 59 ff.).

Laskowski, *Michael*: Ein neues Marktdesign im Zeichen der Energiewende: Erkenntnisse des E-DeMa-Projekts, energiewirtschaftliche tagesfragen 2013, 82ff. (zitiert: Laskowski, Ein neues Marktdesign im Zeichen der Energiewende, et 2013, 82ff.).

Paetz, *Alexandra-Gwyn/ Jochem*, *Patrick/ Fichtner*, *Wolf*: Demand Side Management mit Elektrofahrzeugen – Ausgestaltungsmöglichkeiten und Kundenakzeptanz, 12. Symposium Energieinnovation, 15. – 17.2.2012, Graz/Austria (zitiert: Paetz/Jochem/Fichtner, Demand Side Management mit Elektrofahrzeugen).

Raabe, *Oliver/Weis*, *Eva/Ullmer*, *Jan*: Systemdienstleistungen und Elektromobilität im Verteilnetz – Rollen und Regulierung, abrufbar unter http://subs.emis.de/LNI/Proceedings/Proceedings220/1485.pdf, Abrufdatum

3.12.2017 (zitiert: Raabe/Weis/Ullmer, Systemdienstleistungen und Elektromobilität im Verteilnetz).

Reichel, Ines: Bilanzierung im Massenmarkt – Die Zukunft der Standardlastprofile, 7. Göttinger Energietagung, 28.04.2015, abrufbar unter https://www.efzn.de/fileadmin/Veranstaltungen/Goettinger-Energietagung/2015_Vortr%C3%A4ge/Fachforum1_Impulsstatement_Reichel.pdf, abgerufen am 03.12.2017 (zitiert: Reichel: Bilanzierung im Massenmarkt – Die Zukunft der Standardlastprofile).

Säcker, Franz Jürgen: Die Aufgaben der Verteilnetzbetreiber bei zunehmender Erzeugung erneuerbarer Energien und der Digitalisierung der Energiemarkte, EnWZ 2016, 294 ff.

Säcker, Franz Jürgen: Berliner Kommentar zum Energierecht, Band 1, 4. Auflage, Frankfurt am Main 2018 (zitiert: BerlKommEnR/Bearbeiter, 4. Aufl., Bd. 1).

Säcker, Franz Jürgen: Berliner Kommentar zum Energierecht, Band 4: Messstellenbetriebsgesetz, Frankfurt am Main 2017.

Schneider, Jens-Peter/Theobald, Christian: Recht der Energiewirtschaft, Praxishandbuch, 4. Auflage, München 2013 (zitiert: Schneider/Theobald/Bearbeiter, Recht der Energiewirtschaft).

VKU: Stellungnahme zur Ausgestaltung des § 14a EnWG auf Basis der Aufgabenstellung des BMWi vom 26.03.2013, 10.05.2013, abrufbar unter https://www.vku.de/index.php?eID=tx_nawsecuredl&u=0&g=0&t=1512388350&hash=a54743101f5e30cbfd834411b0dfa9b9592f8835&file=fileadmin/media/Bilder/MR_130510_VKU-SN__14aEnWG.pdf, Abrufdatum 3.12.2017 (zitiert: VKU, Stellungnahme zur Ausgestaltung des § 14a EnWG).

Veröffentlichungen des Instituts für deutsches und europäisches Wirtschafts-, Wettbewerbs- und Regulierungsrecht der Freien Universität Berlin, ab Band 48 fortgeführt vom **Institut für Energie- und Regulierungsrecht Berlin**

Herausgegeben von Franz Jürgen Säcker:

Band 1 Franz Jürgen Säcker (Hrsg.): Deutsch-russisches Energie- und Bergrecht im Vergleich. Ergebnisse einer Arbeitstagung vom 31. März / 1. April 2006. 2007.

Band 2 Franz Jürgen Säcker / Walther Busse von Colbe (Hrsg.): Wettbewerbsfördernde Anreizregulierung. Zum Anreizregulierungsbericht der Bundesnetzagentur vom 30. Juni 2006. 2007.

Band 3 Dirk Zschenderlein: Die Gleichbehandlung der Aktionäre bei der Auskunftserteilung in der Aktiengesellschaft. Zum Problem der Zulässigkeit der Weitergabe von Informationen an einzelne Aktionäre und Dritte. 2007.

Band 4 Simone Kirchhain: Die Anwendung der Vertikal-GVO auf innerstaatliche Wettbewerbsbeschränkungen nach der 7. GWB-Novelle. 2007.

Band 5 Franz Jürgen Säcker: Der Independent System Operator. Ein neues institutionelles Design für Netzbetreiber? 2007.

Band 6 Stefanie Otto: Allgemeininteressen im neuen UWG. § 1 S. 2 UWG und die wettbewerbsfunktionale Auslegung. 2007.

Band 7 Jochen Eichler: Vertragliche Dritthaftung. Eine Auseinandersetzung mit der Frage der Dritthaftung von sogenannten Experten und anderen Auskunftspersonen im Rahmen des § 311 Abs. 3 BGB. 2007.

Band 8 Markela Stamati: Die Anforderungen der operationellen Entflechtung nach den Beschleunigungsrichtlinien der Europäischen Kommission. Umsetzung in Deutschland und Griechenland. 2008.

Band 9 Franz Jürgen Säcker: The Concept of the Relevant Product Market. Between Demand-Side Substitutability and Supply-Side -Substitutability in Competition Law. 2008.

Band 10 Renate Rabensdorf: Die Durchgriffshaftung im deutschen und russischen Recht der Kapitalgesellschaften. Eine rechtsvergleichende Untersuchung. 2009.

Band 11 Franz Jürgen Säcker: Der beschleunigte Ausbau der Höchstspannungsnetze als Rechtsproblem. Erläutert am Beispiel der 380-kV-Höchstspannungsleitung Lauchstädt – Redwitz – Grafenrheinfeld mit Querung des Rennsteigs im Naturpark Thüringer Wald. 2009.

Band 12 Helen Mahne: Eigentum an Versorgungsleitungen. 2009.

Band 13 Franz Jürgen Säcker (Hrsg.): Russisches Energierecht - Gesetzessammlung. 2009.

Band 14 Franz Jürgen Säcker / Maik Wolf: Integrierte Energieversorgung in geschlossenen Verteilernetzen. Zum Gestaltungsspielraum des Gesetzgebers zur Neuregelung des § 110 EnWG im Lichte des Dritten EG-Energiepakets. 2009.

Band 15 Franz Jürgen Säcker (Hrsg.): Das Dritte Energiepaket für den Gasbereich. Deutsch-Englische Textausgabe mit einer Einführung. 2009.

Band 16 Franz Jürgen Säcker (Hrsg.): Das Dritte Energiepaket für den Elektrizitätsbereich. Deutsch-Englische Textausgabe mit einer Einführung. 2009.

Band 17 Thomas Dörmer: Die Unternehmenspacht. Rechtsstellung der Vertragsparteien unter besonderer Berücksichtigung der Pflicht des Unternehmenspächters zur ordnungsgemäßen Unternehmensführung sowie der Rechtslage bei Vertragsbeendigung. 2010.

Band 18 Klaas Bosch: Die Kontrolldichte der gerichtlichen Überprüfung von Marktregulierungsentscheidungen der Bundesnetzagentur nach dem Telekommunikationsgesetz. 2010.

Band 19 Geng-Sook Leem: Einheitliche Corporate Governance-Grundsätze für die Europäische Aktiengesellschaft (SE). Eine rechtsvergleichende Untersuchung anhand der Ausgestaltung der SE im deutschen und britischen Recht. 2010.

Band 20 Wiebke Gebhardt: Gentechnik und Koexistenz nach der Gesetzesnovelle von 2008: Zivilrechtliche Haftung im Vergleich Deutschland und USA. 2010.

Band 21 Cathrin Isenberg: Die Geruchsmarke als Gemeinschaftsmarke. Schutzfähigkeit und Einsatzmöglichkeiten. 2010.

Band 22 Franz Jürgen Säcker / Jochen Mohr / Maik Wolf: Konzessionsverträge im System des europäischen und deutschen Wettbewerbsrechts. 2011.

Band 23 Judith Antonia Loeck: Die unzumutbare Belästigung nach der UWG Novelle 2008 und dem Gesetz zur Bekämpfung unerlaubter Telefonwerbung und zur Verbesserung des Verbraucherschutzes bei besonderen Betriebsformen. 2011.

Band 24 Jörg Jaecks: Konzernverrechnungsklauseln und verwandte einseitige Verrechnungsbefugnisse im Mehrpersonenverhältnis. 2011.

Band 25 Franz Jürgen Säcker: Marktabgrenzung, Marktbeherrschung, Markttransparenz und Machtmissbrauch auf den Großhandelsmärkten für Elektrizität. 2011.

Band 26 Susanne Wende: Die einheitliche Auslegung von Beihilfen- und Vergaberecht als Teilgebiete des europäischen Wettbewerbsrechts. 2011.

Band 27 Leonie Kempel: Die Anwendung von Art. 102 AEUV auf geistiges Eigentum und Sacheigentum. Die Voraussetzungen des Kontrahierungszwangs nach Art. 102 AEUV und der Essential-Facility-Doktrin unter besonderer Berücksichtigung der Unterschiede zwischen geistigem Eigentum und Sacheigentum. 2011.

Band 28 Christoph Schuldt: Werbejingles – schützenswerte Kompositionen!? Die urheberrechtliche und markenrechtliche Schutzfähigkeit von Werbejingles vor unbefugter Nachahmung. 2012.

Band 29 Lydia Scholz: Die Rechtfertigung von diskriminierenden umweltpolitischen Steuerungsinstrumenten. Eine Untersuchung der Reichweite der Warenverkehrsfreiheit und ihrer Begrenzung durch den Umweltschutz als Vertragsziel am Beispiel der deutschen Energiefördergesetze EEG und KWKModG. 2012.

Band 30 Franz Jürgen Säcker: Investitionen in Kraftwerke zur Sicherung einer zuverlässigen Elektrizitätsversorgung nach der Energiewende. Rechtliche und ökonomische Rahmenbedingungen. 2012.

Band 31 Florian Leib: Kartellrechtliche Durchsetzungsstrategien in der Europäischen Union, den USA und Deutschland. Eine rechtsvergleichende Darstellung. 2012.

Band 32 Holger Hoch: Marktverschlusseffekte und Effizienzen vertikaler Zusammenschlüsse. Kartellrechtliche Beurteilung nach europäischem und deutschem Recht. 2012.

Band 33 Sebastian Kemper: Gasnetzzugang in Deutschland und in Spanien. 2012.

Band 34 Elena Timofeeva: Unbundling in der russischen Elektrizitätswirtschaft im Vergleich zum deutschen und europäischen Energierecht. 2012.

Band 35 Gisela Drozella / Harald Krebs: Marktbeherrschung im Bereich Stromerzeugung / Stromgroßhandel. Eine kritische Analyse der neueren Sicht des Bundeskartellamts. 2013.

Band 36 Christian Rehm: Die Einzel- und Gesamtverantwortung der Vorstandsmitglieder der Aktiengesellschaft. Die Verantwortung für die Leitung und Geschäftsführung im mehrköpfigen Vorstand in der unabhängigen und der herrschenden AG. 2013.

Band 37 Ann-Christin Richter: Mengen- und umsatzbezogene Rabatte marktbeherrschender Unternehmen in den Grenzen des Art. 102 AEUV. 2013.

Band 38 Nikolaos Pitsos: Die erhebliche Behinderung des wirksamen Wettbewerbs (SIEC-Test) im Fusionskontrollrecht. Zugleich ein Beitrag zur Problematik der oligopolistischen Marktbeherrschung unter Vergleich mit dem amerikanischen SLC-Test. 2013.

Band 39 Mirko Heinemann: Das Markenzeichen als Anknüpfungspunkt des Markenimages. 2013.

Band 40 Sylvia Lorenz: Der Immaterialgüterschutz virtueller Ladengeschäfte. Ein Vorschlag für die rechtliche Erfassung virtueller Güter. 2014.

Band 41 Anke Reimers: Wettbewerbsrechtliche und regulatorische Analyse der Kapazitätenvergabe an Grenzkuppelstellen im Elektrizitätsbinnenmarkt. 2014.

Band 42 Franz Jürgen Säcker / Carsten König / Lydia Scholz: Der regulierungsrechtliche Rahmen für ein Offshore-Stromnetz in der Nordsee. 2014.

Band 43 David Preisendanz: Der Humor in der vergleichenden Werbung. 2014.

Band 44 Martin Gerig: Vollendung des EU-Energiebinnenmarktes vs. nationale Marktabschottungen. Europarechtskonformität mitgliedstaatlicher Fördermaßnahmen und Kapazitätsmärkte am Beispiel Deutschlands. 2014.

Band 45 Jan Patrick Ehinger: Dritthaftung für Kunstexpertisen und Aufnahmebestätigungen in den Catalogue raisonné. Ein Beitrag zur Expertenhaftung. 2014.

Band 46 Julia Gerzen: Das Recht der Gesellschafter-Fremdkapitalfinanzierung. Rechtsvergleichende Analyse der Behandlung von Gesellschafterdarlehen vor und in der Insolvenz der GmbH nach deutschem und russischem Recht. 2014.

Band 47 Laura Börger: Die gerichtliche Kontrolldichte bei der Überprüfung von Entscheidungen der Europäischen Kommission auf dem Gebiet der Fusionskontrolle. 2014.

Veröffentlichungen des Instituts für Energie- und Regulierungsrecht Berlin

Band 48–65 herausgegeben von Franz Jürgen Säcker

ab Band 66 gemeinsam mit Jochen Mohr

Band 48 Daniel Simon Travers: Kopplungsangebote. Eine Studie zum Vertrags- und Lauterkeitsrecht. 2015.

Band 49 Anna Olbryś-Sobieszuk: EU-rechtliche Schranken der Glücksspielwerbung in Deutschland, Großbritannien und Polen. 2015.

Band 50 Franz Jürgen Säcker/Lydia Scholz/Thea Sveen: Renewable Energy Law in Europe. Challenges and Perspectives. 2015.

Band 51 Lina Berezgova: Festlegung von Stromnetzentgelten in Deutschland und Russland. Eine rechtsvergleichende Untersuchung der anreizbasierten Regulierungsvorgaben. 2015.

Band 52 Fengliang Jin: Aufgreifkriterien in der Fusionskontrolle. Eine rechtsvergleichende Untersuchung des europäischen (Art. 3 FKVO), deutschen (§ 37 GWB), taiwanesischen (§ 6 FHG) und festlandchinesischen (§ 20 AMG) Rechts. 2015.

Band 53 Vasileios Triantafyllidis: Die Einordnung der Passing-On-Defense in das allgemeine Schadensersatzrecht. Eine rechtsvergleichende, dogmatische Studie. 2015.

Band 54 Peipei Liu: Die Inhaltskontrolle von Allgemeinen Geschäftsbedingungen und formularmäßigen Vertragsklauseln im deutsch-chinesischen Vergleich. 2016.

Band 55 Evelyn Kozak: Zur Notwendigkeit eines arbeitsrechtlichen und haftungsrechtlichen Whistleblowerschutzes. 2016.

Band 56 Genevieve Baker: Der bereicherungsrechtliche Nutzungsanspruch. 2017.

Band 57 Maria Zaykova: Der rechtliche Rahmen für den bergbaulichen Zugang zu den Erdöl- und Erdgaslagerstätten in der Russischen Föderation im Vergleich zum deutschen Bergrecht. 2017.

Band 58 Qian Luan: Geldschöpfungsprozess und Geld als abstraktes Schuldversprechen. Die europäisch-verwaltungsrechtliche Betrachtung des Geldschöpfungsprozesses der EZB und die Rechtsnatur von Zentralbankgeld und Geschäftsbankengiralgeld. 2017.

Band 59 Sára Gabriella Hoffman: Regulation of Cloud Services under US and EU Antitrust, Competition and Privacy Laws. 2017.

Band 60 Matthias Schöpf: Das neue Planungsrecht der Übertragungsnetze: Vorgaben des deutschen und europäischen Rechts. 2017.

Band 61 İpek Çevik: Eine vergleichende Untersuchung der Joint Ventures – Gemeinschaftsunternehmen – nach europäischem, türkischem und deutschem Wettbewerbsrecht. Die Analyse von wettbewerbsrechtlichen Auswirkungen bei Gründung der konzentrativen und/oder kooperativen Gemeinschaftsunternehmen. 2017.

Band 62 Raffaele Mazza: Verbotsirrtum und Vertrauen auf Rechtsrat im europäischen Kartellrecht. Eine rechtsvergleichende Analyse des europäischen, des deutschen und des französischen Kartellrechts. 2017.

Band 63 Stavroula Antoniou: Die Kontrolle einseitiger Preisanpassungsrechte in Dauerschuldverhältnissen am Beispiel langfristige Energielieferverträge. Eine rechtsvergleichende Untersuchung nach deutschem und griechischem Recht. 2018.

Band 64 Lucas Noura de Moraes Rêgo Guimarães: Energieversorgungssicherheit im Europarecht mittels der Förderung erneuerbarer Energien und der Interkonnektion der Netze. 2018.

Band 65 Nino Kobadze: Regulation of Access to Gas Networks in Russia in Comparison with the Energy Law of Germany and the EU. 2018.

Band 66 Felix Krone: Das Recht der unkörperlichen Verwertung für das Internet als Teilhaberecht. Zugleich eine Grundsatzschrift für ein kommunikationsoffenes Urheberrecht 2018.

Band 67 Katja Stefanie Middelhoff: Das Spürbarkeitsmerkmal des UWG 2015. 2019.

Band 68 Tatjana Schleicher: Die Umsetzung des § 14a EnWG zwischen Markt und Regulierung im neuen Strommarktdesign. 2020.

www.peterlang.com

www.ingramcontent.com/pod-product-compliance
Ingram Content Group UK Ltd.
Pitfield, Milton Keynes, MK11 3LW, UK
UKHW021855290926
8980IPUK00005B/854

9 783631 801994